Ορθογραφία

Κατασκευή Εξωφύλλου: Εκδόσεις Μέθεξις
Επιμ. Έκδοσης: Εκδόσεις Μέθεξις

© Copyright Εκδόσεις Μέθεξις 2014
Κεραμοπούλου 5, Θεσσαλονίκη ΤΚ 546 22
Τηλ. - Fax: 2310-278301
e-mail: info@metheksis.gr
www.metheksis.gr

ISBN: 978-960-6796-72-2

Απαγορεύεται η ολική, μερική ή περιληπτική αναδημοσίευση, αναπαραγωγή ή διασκευή του περιεχομένου του παρόντος βιβλίου με οποιονδήποτε τρόπο χωρίς γραπτή άδεια του εκδότη.

Αριθμ. Έκδοσης 75

Δρ Στυλιανός Τσιπούρας

Ελισάβετ Βασιλειάδου, Μαρία Οδατζίδου, Σοφία Πανίδου

Ορθογραφία
Εμπειρική, Ερευνητική Εφαρμογή των Ευρημάτων της Γνωσιακής Νευροεπιστήμης

Θεσσαλονίκη 2014

Το άνοιγμα δρόμων είναι προτιμότερο από το βάδισμα
πάνω σε χιλιοπατημένους
(Μίλτος Κουντουράς)

Πρόλογος

Δύο προτάσεις είναι ατράνταχτες[1]: α) στην ορθογραφία μαζεύονται όλες οι χαζομάρες και β) η ορθογραφία είναι πρώτιστο κριτήριο για τη μόρφωση.

Η μέθοδος η οποία προτείνεται σήμερα στα διδακτικά εγχειρίδια της γλώσσας για την εκμάθηση της ορθογραφίας ουσιαστικά δε διαφέρει σε τίποτε από αυτή που είχαν υιοθετήσει τα βιβλία της γλώσσας του 1982 και η οποία στηρίζεται στην άποψη των παλιών γραμματιστών και λατινιστών δασκάλων που ισχυρίζονταν ότι «Nulla dies sine linea» που σημαίνει «οφείλουμε να κάνουμε καθημερινά άσκηση δέκα σειρές ορθογραφία»[2].

Ο μονότονος, μονοδιάστατος, προαναφερόμενος τρόπος όπως προκύπτει από διαχρονικά ελληνικά ερευνητικά δεδομένα (Οικονόμου, 1993· Λεμονιάδου-

---

[1] Münch Georg, (1931): Από.την τάξη μου, Αθήνα, Δημητράκος, σελ 19-25.
[2] Παπάς, Αθανάσιος (χ.χ.): *Διδακτική Γλώσσας και κειμένων*, Β΄ τόμος, Αθήνα, σελ. 497.

Μιχαηλίδη· Πόρποδας, 1990· Βάμβουκας, 1984· Καρατζάς, 2001· Γκότοβος, 1992· Μπαμπλέκου, 2004)³ κρίνεται ως αντιπαραγωγικός και αναποτελεσματικός με άκρως επικίνδυνες συνέπειες τόσο στο γνωστικό όσο και στον ψυχικό κόσμο του παιδιού. Πάμπολλες φορές θελημένα ή αθέλητα τσαλακώνεται, κακοποιείται ο λόγος του παιδιού από τις επεμβάσεις και το «κοκκίνισμα» του δασκάλου με αποτέλεσμα να βιώνεται η γλώσσα ως απαξία, το παιδί να επιδεικνύει αρνητική μαθησιακή συμπεριφορά και το χειρότερο, ελλοχεύει ο κίνδυνος να καταρρακωθεί η αυτοπεποίθησή του. «Έχει επιστημονικά διαπιστωθεί ότι ανεπάρκειες και λάθη στην εκπαίδευση έχουν επιζήμια επίδραση στην ανάπτυξη του φλοιού του εγκεφάλου» (Faure et al, 1972, 108)⁴. Ο καθ. της Φιλοσοφικής σχολής Χαραλαμπάκης Χρ. από το 1994 διατρανώνει ότι επιβάλλεται νέα αντιμετώπιση της ορθογραφίας⁵.

«Υποτιμούμε τους εγκεφάλους μας και τη νοημοσύνη μας. Η επίσημη εκπαίδευση έχει γίνει μια τόσο περίπλοκη, συνεσταλμένη και με υπερβολικούς κανόνες δραστηριότητα, που η μάθηση αντιμετωπίζεται ευρέως ως κάτι το δύσκολο που ο εγκέφαλος θα προτιμούσε να μην ασχο-

---
3 Πόρποδας, Κ., (1990): *Ορθογραφικά προβλήματα στο συνεχή γραπτό λόγο* (αδημοσίευτη μελέτη που υποβλήθηκε προς ανακοίνωση στο στο 2ο Πανελλήνιο Συνέδριο Ψυχολογικής Έρευνας, 18-20 Μαρτίου. Γκότοβος, Α., (1992): *Ορθογραφική μάθηση στο δημοτικό*, Εμπειρική έρευνα, Αθήνα, Gutenberg.
4 Αναφορά της UNESCO προς τη Διεθνή Επιτροπή για την Ανάπτυξη της Εκπαίδευσης.
5 Χαραλαμπάκης, Χρ., (1994): *Γλώσσα και εκπαίδευση*, σελ. 94.

ληθεί με αυτή... Όμως η απροθυμία για μάθηση δεν μπορεί να αποδοθεί στον εγκέφαλο. Η μόρφωση αποτελεί τη θεμελιώδη λειτουργία του εγκεφάλου. Η αδιάκοπη ασχολία του και εμείς γινόμαστε νευρικοί και απογοητευμένοι όταν δεν έχουμε άλλες γνώσεις να κατακτήσουμε. Είμαστε όλοι μας ικανοί για τεράστια και αναπάντεχα μορφωτικά επιτεύγματα χωρίς προσπάθεια»[6]. Η συνήθεια μάς έγινε δεύτερη φύση. Πρέπει συνειδητά να αντιδράσουμε εναντίον της συνήθειας, εναντίον των παραδομένων, εναντίον του εαυτού μας. Πρέπει να δούμε τη νέα πραγματικότητα, να την μπολιάσουμε με το εγώ μας, να συμπορευθούμε, να την ξεπεράσουμε. Είναι τραγική και διαχρονικά επίκαιρη η άποψη του Einstein: «Στην πραγματικότητα πρόκειται για κάτι σαν θαύμα το ότι οι σύγχρονες μέθοδοι διδασκαλίας δεν έχουν ακόμη καταφέρει να εξολοθρεύσουν την ιερή περιέργεια... πρόκειται για πολύ σοβαρό σφάλμα να νομίζουμε ότι η απόλαυση της όρασης και της έρευνας μπορεί να προωθηθεί με τον καταναγκασμό και την αίσθηση του καθήκοντος».

Με την πρότασή μας αυτή, ευελπιστούμε ότι ανοίγεται ένας δρόμος για περισσότερη ειδική και στοχευμένη έρευνα από την επιστημονική κοινότητα, που θα έχει ως αποτέλεσμα την αβίαστη, ευχάριστη επί του πρακτέου πια, μάθηση και την υιοθέτηση και εισαγωγή νέων προσεγγίσεων στα Α.Π.Σ. και ΔΕ.Π.Π.Σ.

---
6 Frank, Smith (1986), *Insult to intelligence*, σελ. 18.

Με το πόνημά μας αυτό βοηθιέται το παιδί να κατακτήσει τα καταληκτικά επιθέματα που διαπραγματεύεται, ο/η δάκαλος/a στο επίπονο έργο του/της, ο/η ειδικός/ή παιδαγωγός, ο γονέας που ανησυχεί.

Δρ. Στυλιανός Τσιπούρας

Εισαγωγή

Κατά τα τέλη Σεπτέμβρη οι δασκάλες της Β΄ τάξης του δημοτικού σχολείου Πλαγιαρίου μού επισήμαναν ότι τα παιδιά κάνουν αρκετά λάθη κατά τη χρήση σύνθετων συμφωνικών συμπλεγμάτων (μπρ, ντζ κ.ά.) αλλά και πολλά περισσότερα καταληκτικά λάθη, γεγονός που τους προξένησε φοβερή εντύπωση, επειδή δεν μπορούσαν να το αιτιολογήσουν. Τα παιδιά τα είχαν οι ίδιες δασκάλες στην πρώτη τάξη και επομένως γνώριζαν πολύ καλά τι είχαν διδάξει, πώς το είχαν διδάξει και τι δόσιμο εαυτού κατέβαλαν. Αναρωτήθηκα και εγώ. Μου έδειξαν τα τετράδια ορθογραφίας και όχι μόνο και διαπίστωσα ό,τι πράγματι οι διαπιστώσεις των εκπαιδευτικών ισχύουν και για τα τρία τμήματα, με την ίδια περίπου αναλογία. Σκέφτηκα, αν και γνώριζα την ποιότητα των φιλότιμων και δραστήριων εκπαιδευτικών, ότι: «Άντε κάτι να πήγε στραβά στο ένα τμήμα, αλλά και στα τρία τμήματα; Κάτι άλλο φταίει». Για την εκμάθηση των καταλήξεων ήμουν σίγουρος για το τι έφταιγε. Η μέθοδος, η οποία είναι αναχρονιστική και μη συμβατή με τον τρόπο που μαθαίνει ο εγκέφαλος και στηρίζεται στην παθητική απομνημόνευση και στην γραπτή απόδοσή της. Δεν ξέρουμε τι απομνημονεύουμε και γιατί το απομνημονεύουμε. Όσον αφορά, τα συμφωνικά συμπλέγματα, διαπίστωσα ότι στα βιβλία της Α' τάξης δε γίνεται συστηματική διδασκαλία όπως γινόταν με τα προηγούμενα και εδώ χρειάζεται αναθεώρηση του συστήματος και επιπρόσθετη διδασκαλία ειδικά για τα σύνθετα συμφωνικά συμπλέγματα, όπως και έγινε.

Σε μια από τις επιμορφωτικές συναντήσεις που είχαμε στις αρχές του Ιουνίου του 2013, σύμφωνα με το Π.Δ. 201/98, είχα μιλήσει για μία μέθοδο εκμάθησης της ορθογραφίας, δικής μου έμπνευσης, καρπός σύνθεσης των πορισμάτων της γνωσιακής νευροεπιστήμης βιολογικής, γνωστικής εκπαιδευτικής ψυχολογίας και της συνεχούς ανατροφοδότησης από την έρευνα δράσης. Σημειώνεται ότι την προηγούμενη χρονιά σε όλες τις σχολικές μονάδες όλοι εκπαιδευτικοί είχαν επιμορφωθεί ενδοσχολικά για το «Teaching with the brain in mind». Επακόλουθο αυτών των ενημερώσεων ήταν οι ανήσυχες, ρηξικέλευθες, καινοτόμες δασκάλες των τριών τμημάτων της Β' τάξης να ζητήσουν να εφαρμόσουν πειραματικά την προτεινόμενη μέθοδο.

Πραγματοποιήθηκαν δύο συναντήσεις πιο ενδελεχούς ενημέρωσης και δόθηκαν οι προσήκουσες οδηγίες. Αιτηθήκαμε αδείας εφαρμογής της μεθόδου από το Υ.ΠΑΙ.Θ., την οποία και λάβαμε. Αμέσως προβήκαμε σε ενημέρωση των γονέων, πήραμε τη σύμφωνη γνώμη τους και εφαρμόσαμε τη μέθοδο. Η συνεργασία και η ανατροφοδότηση μεταξύ των εκπαιδευτικών ήταν καθημερινή. Καθόλη τη χρονιά υπήρχαν περιοδικά διαστήματα ανατροφοδότησης και παρακολούθηση της πορείας εφαρμογής της μεθόδου και από εμένα.

Επισημαίνεται ιδιαιτέρως ότι η εφαρμογή της μεθόδου στηρίχθηκε αποκλειστικά σε κείμενα εγκεκριμένα, διαχρονικά από το Υ.ΠΑΙ.Θ. για ευνόητους λόγους. Επιλέχθηκαν πρωτίστως ποιήματα επειδή κρίνεται ότι: α) ο ρυθμός βοηθά περισσότερο στη διατήρηση των μεμαθημένων, β) η αναζήτηση του συμπυκνωμένου νοήματος και η χρήση της μεταφορικής χρήσης του λόγου ενισχύει την κατανόηση της γραμματικοσυντακτικής δομής, γ) ο συναισθηματικά φορτισμένος λόγος είναι κυρίαρχος έναντι της λογικής[7], δ) τέρπει τα παιδιά και ε) προκαλεί αμφιπλευρική δραστηριότητα σε αρκετές περιοχές του εγκεφάλου[8].

Συνακόλουθα, για ορισμένα είδη καταλήξεων χρησιμοποιήθηκαν και ειδικά διαμορφωμένοι λαβύρινθοι προκειμένου οι μαθητές να αυτοδιορθώνουν το λάθος τους την ώρα που γίνεται.

---
7 Βλ. και Μανταδάκη, Σμαράγδα, (1999): *Η ολική γλώσσα στη διδακτική της γλωσσικής έκφρασης για την Α/θμια εκπαίδευση*, Θεσσαλονίκη, Κώδικας, σελ. 20.
8 Βλ. Μαυροειδή, Αθανασία, (2011): *Διαφορές στα ορθογραφικά λάθη μεταξύ δυσλεξικών και κανονικών ενηλίκων*, Πανεπιστήμιο Μακεδονίας, σελ. 23.

Η επιλογή των κειμένων ήταν πραγματικά επίπονη και χρονοβόρα δουλειά. Χωρίς τη φιλότιμη προσπάθεια και τη συμμετοχή τριών εκπαιδευτικών στην πειραματική εφαρμογή της μεθόδου, δε νομίζω ότι η προσπάθεια θα τελεσφορούσε. Τις ευχαριστώ για αυτό. Θα ήταν παράλειψη εάν δεν αναφέρουμε ότι πολλά κείμενα ήταν καρπός έμπνευσης των ίδιων των εκπαιδευτικών.

Ευχαριστούμε θερμά:
Όλους τους γονείς των παιδιών και των τριών τμημάτων.
Τις εικαστικούς Θάλεια Θεοτοκάτου και Μαρία Οικονόμου, για την ψηφιακή επεξεργασία των λαβυρίνθων.
Την κ. Mussin Karen για τη σχεδίαση του εξωφύλλου.

Δρ. Στυλιανός Τσιπούρας

Βασικές επιστημονικές παραδοχές της μεθόδου

1. Ο εγκέφαλός μας έρχεται προγραμματισμένος για να αποκτήσει τον προφορικό λόγο, την ομιλία, αλλά όχι για να μάθει να διαβάζει και να γράφει. Η διαδικασία αυτή δεν είναι καθόλου εύκολη και η επιτυχία της εξαρτάται από την επιστημοσύνη και τη διδακτική ευελιξία του/της δασκάλου/ας προκειμένου να διεγείρει, να εμπλέξει, να συνδέσει και να συντονίσει αρμονικά πολλά και διαφορετικά κέντρα-περιοχές του εγκεφάλου για να μπορέσει να κατακτήσει την ανάγνωση και τη γραφή το παιδί και να γίνει ένας εγγράμματος πολίτης.

2. Η μάθηση είναι ηλεκτρική και χημική διεργασία. Σε αυτήν εμπλέκεται όλο μας το είναι, δηλαδή ολόκληρη η φυσιολογία. Το μυαλό είναι στο σώμα μας και στο σώμα το μυαλό μας.

3. Η μάθηση είναι τόσο φυσιολογική όσο η αναπνοή, αλλά μπορεί είτε να εμποδισθεί είτε να διευκολυνθεί. Το

άγχος και η απειλή επηρεάζουν τη λειτουργία και τη χημεία του εγκεφάλου κατά τρόπο διάφορο της γαλήνης, η ανία και η μονοτονία κατά τρόπο διάφορο της πρόκλησης, η αποδοκιμασία και η απόρριψη κατά τρόπο διάφορο της ικανοποίησης και της ενθάρρυνσης (Ornstein, Sobel, 1987). Τα πάντα έχουν ηλεκτροχημικές διασυνδέσεις.

4. Έχουμε ένα εγκέφαλο που είναι σχεδιασμένος ώστε σπάνια να λαμβάνει τη σωστή πληροφορία την πρώτη στιγμή. Αντίθετα, κάνει προσωρινές αποθηκεύσεις των νέων γνώσεων, οι οποίες διατηρούνται μέχρι για κάποιο λόγο να τις σβήσουμε ή να τις αναβαθμίσουμε και να τις σώσουμε.

5. **Ο εγκέφαλος για να σκεφθεί θέλει πλαίσιο.** Είναι απόλυτα στοχοκεντρικός. Πίσω από αυτόν τον πολύπλοκο νευρωνικό μηχανισμό βρίσκεται η απλότητα του σκοπού. Ο εγκέφαλος είναι «επομενίζων». Θέλει να γνωρίζει τι θα ακολουθήσει. Αυτό έχει δύο σημαντικές συνέπειες: α) του περιορίζει το άγχος. β) Οι μαθητές που γνωρίζουν με σαφήνεια πού θέλουν να καταλήξουν, φτάνουν στον τελικό στόχο σε λιγότερο χρονικό διάστημα σε σύγκριση με εκείνους στους οποίους δε γνωστοποιείται καθόλου ο σκοπός του μαθήματος. Επιπροσθέτως, τα αποτελέσματα της μάθησης είναι μονιμότερα, επειδή:

√ Μαθαίνουν το κανάλι μέσα από το οποίο θα μεταδοθεί το μάθημα.

√ Πληροφορούνται για τη συμπεριφορά που αναμένεται να αποκτήσουν με το τέλος του μαθήματος.

√ Λειτουργούν σε ένα πλαίσιο καθαρής αντίληψης.

√ Ενεργοποιούν τις εσωτερικές διαδικασίες μάθησης με τρόπους που αντιπροσωπεύουν το περιεχόμενο που θα παρουσιασθεί.

6. **Ο εγκέφαλος αναζητά το νόημα των πραγμάτων.** Αναζητούμε την ανακούφιση να σκεφτόμαστε πράγματα που μπορούμε να συλλάβουμε και να κατανοήσουμε. Όταν το μυαλό έρχεται αντιμέτωπο με κάτι που δεν μπορεί να κατανοήσει, έχει την τάση να στρέφεται αλλού και να αποκλείει το άγνωστο. Η περιέργεια σπάνια είναι ανώφελη. Υπάρχει κάποιος λόγος που επιθυμούμε να μάθουμε κάτι. Το κάθε παιδί ερχόμενο στο σχολείο έχει ήδη δομημένο το δικό του θεωρητικό μοντέλο για τη δημιουργία του κόσμου και το πώς λειτουργούν τα πράγματα σε αυτόν. Αυτό το μοντέλο επιζητεί εναγωνίως να το κάνει όσο το δυνατόν πιο τέλειο. Ο λόγος τελειοποίησης είναι ότι υπάρχει ένα κενό, ένα ρήγμα, ένας άδειος χώρος όσον αφορά στην κατανόηση των πραγμάτων, στο νοητικό μας μοντέλο για τον κόσμο. Βιώνουμε αυτό το ρήγμα σαν μια τρύπα στο δόντι την οποία θέλουμε να κλείσουμε. Αυτό μας κάνει να αναρωτιόμαστε: πώς; πότε; γιατί; «Δε λησμονούμε τα πράγματα που κάνουν τον κόσμο πιο λογικό και ενδιαφέροντα για μας και το νοητικό μας μοντέλο πιο πλήρες και ακριβές». Η ιδανική διαδικασία μάθησης είναι να παρουσιάζονται οι πληρο-

φορίες με τέτοιο τρόπο, ώστε ο εγκέφαλος να κατανοεί δημιουργώντας μοτίβα και όχι να του επιβάλλεται η γνώση. Για να είναι αποτελεσματική η διδασκαλία ο μαθητής πρέπει να δημιουργεί τα προσωπικά του μοντέλα/μοτίβα και να έχουν νόημα. Η δημιουργία μοντέλων αναφέρεται στην οργάνωση και κατηγοριοποίηση πληροφοριών (Nummela, Rosengren, 1986). Ο εγκέφαλος από μόνος του προσπαθεί να διακρίνει και να κατανοήσει μοτίβα που προκύπτουν (Hart, 1983, Lakoff 1987, Nummela, Rosengren 1986, Rosenfield 1988).

7. **Ο εγκέφαλος χρησιμοποιεί αναλογίες και συσχετίσεις.** Με τους μετασχηματισμούς και τις συσχετίσεις τα παιδιά αναδιοργανώνουν σχέσεις, συνταιριάζουν καλύτερα τις προϋπάρχουσες γνώσεις (Bruner), μελετούν τα πράγματα στην πραγματική αλληλοσύνδεσή τους, στην κίνησή τους, στην εξέλιξή τους και αυτό συντελεί στην αποκάλυψη των αντιφάσεων, στην ανάγκη να αντιληφθούμε περισσότερα και να προνοήσουμε περισσότερα. Καταλαβαίνω σημαίνει επινοώ ή ανασυγκροτώ μέσα από μια επινόηση (Piaget). Τα σχήματα είναι μεταφορές για τη γνωστική δομή και λειτουργία. Αποτυπώνουν τις γνώσεις μας αλλά και τις συσχετίσεις των γνώσεών μας για τα πράγματα. Από τη στιγμή που οι μαθητές ανακαλύψουν τις σχέσεις (Bruner) ή τις συνειδητοποιήσουν με τη βοήθεια του εκπαιδευτικού (Ausubel), τότε καθίστανται ικανοί να οργανώσουν εσωτερικά το προς μάθηση υλικό και να το μετασχηματίσουν. Η ουσιαστική γνώση

δεν πηγάζει απευθείας από τις πληροφορίες που συσσωρεύονται στη σκέψη του παιδιού, αλλά δημιουργείται με την εφαρμογή των νέων πληροφοριών και δεδομένων σε νέους συνδυασμούς. Η γνώση είναι αποτέλεσμα μιας αλληλουχίας μετασχηματισμών (Μαραγκουδάκης). Με τις συσχετίσεις οδηγείται η διάδραση και τελικά η μάθηση σε υψηλό επίπεδο (Zahorik, 1987).

8. **Είναι οργανωτικός.** Ο εγκέφαλος κρατεί πληροφορίες σε κατηγορίες. Χρήση σχεσιοδυναμικών εννοιολογικών χαρτών, πινάκων, διαγραμμάτων ροής, προσομοιώσεων, αναλογιών, οργανωμένη διείσδυση και εμβάθυνση με γραφικούς διοργανωτές, ομαδοποίηση, κατηγοριοποίηση με βάση κοινά χαρακτηριστικά σημαίνει καλύτερη αποθήκευση της γνώσης, αποτελεσματικότερη απομνημόνευση και ευκολότερη ανάκληση. Με τους σχεσιοδυναμικούς εννοιολογικούς χάρτες δίνουμε την ευκαιρία στη σκέψη να περιδιαβεί όλα τα μήκη και πλάτη του εγκεφάλου. Επισημαίνεται ιδιαιτέρως ότι με την οργάνωση της μαθησιακής διαδικασίας σε λογική σειρά και τη διαίρεσή της σε σαφή μικρά βήματα αυξάνουμε τη χωρητικότητα της μνήμης.

9. **Ο εγκέφαλος είναι συλλέκτης της ουσίας.** Συγκρατεί ό,τι τον ενδιαφέρει. Όση μεγαλύτερη σημασία έχει η προς εκμάθηση ύλη για το υποκείμενο τόσο καλύτερη θα είναι η συγκράτησή τους. Τα υπόλοιπα τα διαχωρίζει. Δεν μπορεί να διατηρήσει στη μνήμη όλες τις πληροφορίες. Χρειάζεται τόση ενέργεια για αυτό, που είναι αδύνατο να την έχει

διαθέσιμη κάθε στιγμή. Διαχωρίζει για να μην πάθει blackout. Μαθαίνω σημαίνει αποκλείω. Για αυτό πρέπει να παρέχουμε στα παιδιά ευκαιρίες επιλογής. Όταν το παιδί επιλέγει, τότε είναι να σαν να μελετά δικά του προβλήματα-νοήματα. Τα νοήματα δεν αναβλύζουν από τα πράγματα. Τα νοήματα τα προσθέτει το παιδί, όταν αρχίζει να αναρωτιέται για το πώς και το γιατί των πραγμάτων. «Τα πουλιά ποτέ δεν τραγουδούν σε σπηλιές. Ούτε και εμείς. Για να μπορέσουμε να μάθουμε πρέπει να είμαστε ελεύθεροι. Ελεύθεροι να δοκιμάζουμε, να πειραματιζόμαστε, να εκφραζόμαστε, να κάνουμε λάθη. Έτσι μαθαίνει κανείς. Καταλαβαίνω τα λάθη σου και ωφελούμε από τα δικά μου», (Θορώ). Η δυνατότητα επιλογής εμπεριέχει την ευθύνη και η ευθύνη την ελευθερία και ως εκ τούτου αποδεικνύεται δυναμικό κίνητρο για τη μαθησιακή ενεργοποίηση.

10. Ο εγκέφαλος είναι ένας παράλληλος επεξεργαστής. Η καλή διδασκαλία οργανώνει τις εμπειρίες του μαθητή έτσι ώστε να απευθύνονται σε όλες τις εγκεφαλικές λειτουργίες. Απαιτείται πολυαισθητηριακή προσέγγιση της μαθησιακής διαδικασίας, η επιτυχία εξαρτάται από τη χρήση όλων των αισθήσεων και από το πόσο ο μαθητής μυείται σε πολύπλοκες βιωματικές διαδραστικές εμπειρίες.

11. **Για να μάθει ο εγκέφαλος χρειάζεται εστιασμένη προσοχή σε «ένα» πράγμα**[9]. Από αυτή τη θέση προκύπτουν και το συνακόλουθο ερευνητικό εύρημα. Δεν πρέπει να προσφέρονται περιεχόμενα μάθησης συγχρόνως με

---

9 Mentina, John, (2009): *Brain rules*, σελ. 119, 129.

άλλα που βρίσκονται στον αντίποδα αυτών (π.χ. ότι-ό,τι/ τι-τη, διάλυμα-διάλειμμα (Triebal, Maday 1989, 38 κ.ε.)[10]. Στην αντίθετη περίπτωση λειτουργεί η **αναδρομική παρεμπόδιση, η οποία αναχαιτίζει και εξανεμίζει τα μεμαθημένα.**

12. Ρώσοι ερευνητές υποστηρίζουν ότι όταν συγκεντρώνεται κάποιος σε κάτι, τότε οι ανώτεροι μηχανισμοί του εγκεφάλου κλείνουν τα κανάλια των αισθητικοκινητικών πληροφοριών, ενώ συγχρόνως βοηθούν τις σχετικές εμπειρίες ή μνήμες να δραστηριοποιηθούν για να υπάρξει αναγνώριση και συνεργασία με το αντικείμενο της προσοχής (Luria, Pavlov)[11]. Αυτό επιτυγχάνεται όταν απαιτούνται από τους μαθητές λίγο περισσότερα από τα συνηθισμένα και είναι ικανοί να δώσουν περισσότερα από τα συνηθισμένα. Αν απαιτούνται λίγα από αυτούς, πλήττουν (Goleman, 143).

13. **Ο κάθε εγκέφαλος είναι μοναδικός.** Ούτε προσλαμβάνουμε τα ερεθίσματα με τον ίδιο τρόπο ούτε και τα επεξεργαζόμαστε. Ο κάθε μαθητής θέλει τον χρόνο του και τον τρόπο του. Ένεκα τούτου ο αποτελεσματικός δάσκαλος πρέπει να διαθέτει στη φαρέτρα του **ποικιλία διδακτικών μεθόδων** και ανάλογα με την περίσταση-περίπτωση να επιλέγει την προσφορότερη για κάθε μαθητή/τρια (Dune, Wragg, 1994, 27). Ας μη λησμονούμε και την άποψη του Highet: «Μέθοδοι υπάρχουν πολλές. Κάθε

---

10 Πρβλ. και Ossner (1994): *Η διάκριση των φθόγγων γγ/γκ να μη λαμβάνει χώρα μέσα από άμεσες αντιπαραθέσεις, αλλά μέσα από αντιστοιχίες λέξεων-εικόνων*, 127.
11 Sokolov, E. N. (1963): *Perception and the conditioned reflex*.

μία είναι κατάλληλη για κάποιες περιπτώσεις και ακατάλληλη για άλλες. Ο δάσκαλος όμως που μόνο μια μέθοδο χρησιμοποιεί κινδυνεύει να αναπτύξει στους μαθητές του έναν τρόπο να σκέπτονται και στον εαυτό του να αναπτύξει ένα μέρος των δυνάμεών του ως παιδαγωγού» (Highet, 11954, 87). Με τη χρήση ποικίλων μεθόδων και εναλλακτικών στρατηγικών μάθησης και προσεγγίσεων ενισχύεται το αρχικό δημιουργηθέν μνημονικό ίχνος, ενώ συγχρόνως δημιουργούνται περισσότερα μνημονικά ίχνη σε διαφορετικά σημεία του εγκεφαλικού φλοιού. Με αυτόν τον τρόπο η πληροφορία γίνεται ευκολότερα ανακλήσιμη και εάν ένας δρόμος χαθεί, η πληροφορία ανακαλείται δια άλλης οδού.

14. **Η μονοτονία σκοτώνει τον εγκέφαλο.** Σε μια μονότονη εργασία εμφανίζονται λάθη και κούραση μετά είκοσι λεπτά (Καραπέτσας, σελ. 154). Οι ασθενείς και μονότονοι ερεθισμοί κάνουν τους ανθρώπους οκνηρούς, νυσταλέους και μερικοί κοιμούνται αμέσως (Pavlov). «Υποχρεώστε το παιδί περπατά, θα κουρασθεί γρήγορα. Να πηδά, το ίδιο. Να στέκεται, το ίδιο. Να κάθεται το ίδιο. Όμως, αν αλλάζει όλες αυτές τις δραστηριότητές του όλη τη μέρα, δε θα κουρασθεί. Ενεργεί καταστρεπτικά στο παιδί κάθε μακρόχρονη και μόνιμη δραστηριότητα και προς την ίδια πάντοτε κατεύθυνση» (Usinski)[12]. Η συχνότητα της χρησιμοποιούμενης ποικιλίας εξαργυρώνεται με ψηλή μαθησιακή επίδοση (Brophy, Everston, 1976).

---
12 Στο: Σμυρνόφ Α. και συνεργάτες, (1956): Ψυχολογία.

15. **Ο εγκέφαλος είναι πραξιακός.** Η σκέψη ξεκινά από τον εγκέφαλο, πηγαίνει στο χέρι και ξαναγυρίζει ωριμότερη σε αυτόν. Τα άτομα μαθαίνουν καλύτερα όταν τους ζητείται να επιτελέσουν ένα έργο παρά όταν διαβάζουν οδηγίες ή παρακολουθούν έναν εκπαιδευτικό να επιτελεί το έργο (Cohen, 1989)[13]. Ό,τι ανακαλύπτει ο μαθητής μπορεί να το ανακαλεί στη μνήμη του ευκολότερα από εκείνο που του προσφέρεται ως πληροφορία από άλλους (Κασσωτάκης, Φλουρής, 219).

16. **Ο εγκέφαλος είναι πλαστικός.** Αυτό σημαίνει ότι αναδιοργανώνεται αναπτύσσοντας διαρκώς νέες συνάψεις και όχι μόνο. Η ιδιότητα αυτή του εγκεφάλου, αντίθετα από τις κρίσιμες περιόδους, είναι παρούσα καθόλη τη διάρκεια της ζωής του ανθρώπου (Young, 1991). Η καθοδηγούμενη μάθηση, οι υποδείξεις των στρατηγικών προσεγγίσεων και η μάθηση που προκύπτει από την ατομική εμπειρία παίζουν σημαντικό ρόλο στη λειτουργική αναδιοργάνωση και πλαστικότητα του εγκεφάλου.

17. **Για να μάθει ο εγκέφαλος χρειάζεται επεξεργασία σε βάθος.** Η κατανόηση σε βάθος και πλάτος απαιτεί την παρουσίαση πολλών παραδειγμάτων και εκτεταμένη εξάσκηση με ανατροφοδότηση (Anderson, Reder, Simon, 1995). Η σε βάθος επεξεργασία εξετάζει εμπεριστατωμένα τη σημασία των δομικών και ερμηνευτικών παραγόντων και παρέχει αυθεντικές εμπειρίες μέσα από πρότυπα.

---
13 Anita Woolfolk, (2007): *Εκπαιδευτική ψυχολογία*, σελ. 217.

18. Ο εγκέφαλος εξιτάρεται από το χρώμα.
19. Για την εκγύμναση του εγκεφάλου ενδείκνυνται ως πιο λειτουργικές, ως πιο αποτελεσματικές οι ασκήσεις συμπλήρωσης κενών[14].
20. **Ο εγκέφαλος αναπτύσσεται μέσα σε κλίμα ηρεμίας, ασφάλειας, σιγουριάς, χαράς και όταν βιώνει την επιτυχία.** Τα συναισθήματα δημιουργούν τους διακόπτες αλλαγής. «Ναι» ή «καλό» προκαλούν έκρηξη στο μυαλό και «όχι» ή «λάθος» προκαλούν συμπίεση. Οι νευρώνες χρειάζονται συναισθηματικά σήματα για να συνδεθούν κατάλληλα. Τα λόγια του δασκάλου προς το παιδί πρέπει να είναι λόγια ελπίδας, τόνωσης της αυτοεικόνας του και ενίσχυσης του αυτοσυναισθήματος. Το παιδί πρέπει να νιώσει ότι μπορούμε και θέλουμε να το βοηθήσουμε, ότι μπορεί να στηριχθεί επάνω μας. Η αίσθηση ότι το παιδί είναι αβοήθητο συνοδεύεται από υπολειτουργία του εγκεφάλου, από υποβάθμιση του αντιληπτικού πεδίου (Combs, Snygg, 1959). Ο μαθητής γίνεται λιγότερο ευέλικτος και επιστρέφει αυτόματα σε παγιωμένες συμπεριφορές. «Με την καρδιά διδάσκεται του παιδιού η καρδιά» (Pestalozzi). Το ήρεμο και ασφαλές συναισθηματικό δέσιμο προκαλεί την έκκριση ωκυτοκκίνης, αγγειοπιεσίνης καθώς και διάφορων ενδορφινών που βοηθούν στην αίσθηση της χαλάρωσης και της ηρεμίας, μειώνοντας παράλληλα και το άγχος. Το άγχος καταστρέφει τη μάθηση και αν καταστεί χρόνιο, καταστρέφει και τον άνθρωπο.

---
14 Mentina, John, (2009): *Brain rules*, σελ. 103-115.

Ο δάσκαλος παράγει και διατηρεί την ήρεμη ετοιμότητα με τη συνεχή του καλή διάθεση και την πρόκληση των διαφορετικών διαδικασιών που χρησιμοποιεί, αναμειγνύει την καθημερινή εμπειρία με το υποχρεωτικό περιεχόμενο, σχολιάζει, σχεδιάζει, εισάγει στηρίγματα που συγκεντρώνουν την προσοχή.

21. **Για να αιχμαλωτίσεις τις ψυχές των άλλων και να παιδαγωγήσεις απαιτεί καταστάσεις ενδυνάμωσης.**
«Πολύ μου άρεσε αυτό που έκανες! Πώς σου ήρθε αυτή η ιδέα; Είναι φανταστική!» «Έχω ξαναδεί παιδιά σαν κι εσένα. Έχεις ένα καταπληκτικό χάρισμα».
«Κάθε προσπάθειά σου και καλύτερη».
«Ξέρω πως δεν τα πήγες καλά. Είμαι στο πλευρό σου και ξέρω πώς να σε βοηθήσω να φτάσεις εκεί που θέλεις. Συνέχισε την προσπάθεια».

<u>Ο άνθρωπος έχει ανάγκη από τις συγκινήσεις του.</u> Οι συγκινήσεις μας βοηθούν να επικοινωνήσουμε με τους άλλους, να κατανοήσουμε τους άλλους και να συνεργασθούμε μαζί τους. Οι συγκινήσεις είναι που δημιουργούν ισχυρούς δεσμούς μεταξύ μας. Το βεληνεκές των παιδιών είναι πολλές φορές περιορισμένο για αυτό χρειάζεται η εκλεκτική καθοδήγηση του δασκάλου προκειμένου το παιδί να βρει τις παρακαμπτήριες οδούς για την προσπέλαση της προβληματικής κατάστασης. Δεν πρέπει να μας διαφεύγει ότι το κάθε παιδί φεύγοντας από το σχολείο πρέπει να έχει γευθεί την επιτυχία. Πρέπει <u>να υπογραμμίζουμε πρωτίστως το σωστό</u> και αντί να λογαριάζουμε

τα λάθη, το παιδί πρέπει να καταλάβει ότι κάτι κάνει καλά και από αυτό μπορεί να ξεκινήσει.

22. Ο εγκέφαλος είναι κοινωνικός. Με τη συζήτηση των εμπειριών επιτυγχάνουμε: α) την ανταλλαγή των απόψεων (συμπλήρωση, αντιπαράθεση) χωρίς την οποία δεν αναδιοργανώνεται το γνωστικό πεδίο (Vygotsky), β) την έκκριση ντοπαμίνης, απαραίτητος νευροδιαβιβαστής για τη μάθηση, γ) την εξισορρόπηση των δικών του αναγκών με τις ανάγκες των άλλων και δ) τη δυνατότητα να παρακολουθεί τη σκέψη των άλλων και να τη συγκρίνει με τη δική του. Οι Lawson και Renner διατείνονται ότι ο συνδυασμός της έμπρακτης εμπειρίας με τη συζήτηση, των υλικών και των μέσων με τον εκπεφρασμένο λόγο μπορούν να βοηθήσουν τους μαθητές να κατανοήσουν αφηρημένες έννοιες. Με τη γνωστική αντιπαράθεση οι μαθητές όχι μόνο συνειδητοποιούν τη σκέψη τους/ενέργειές τους αλλά ξεπερνούν οποιοδήποτε λεξιλογικό μπλοκάρισμα που προκύπτει συνήθως σε επικοινωνιακές περιστάσεις και πέραν τούτου, καλλιεργείται και η αυτοπεποίθησή τους.

23. Για την κατάκτηση της γνώσης και τη σταθεροποίησή της απαιτείται χρόνος και επανάληψη. Η θέση για τον διαθέσιμο χρόνο βασίζεται στην υπόθεση ότι αν δώσουμε αρκετό χρόνο και παρέχουμε τη σωστή διδασκαλία, τότε οι περισσότεροι μαθητές μπορούν να κατακτήσουν οποιονδήποτε αντικειμενικό μαθησιακό στόχο (Bloom, 1968· Guskey, Gates, 1986). Για να επιτευχθεί ουσιαστική και μόνιμη μάθηση χρειάζονται τουλάχιστον πέντε επαναλήψεις. Η πρώτη, η ανακεφαλαίωση, με το πέρας του μαθήματος, η δεύτερη σε είκοσι τέσσερις ώρες (24h), η τρίτη σε μία εβδομάδα, η τέταρτη σε ένα μήνα, η πέμπτη στο τρίμηνο και μετά όποτε το επιθυμεί ο μαθητής. Η επανάληψη (Baddeley, 1999) παίζει σημαντικό ρόλο στη μάθηση, διότι όσο περισσότερο παραμένει μια πληροφορία στην εργαζόμενη μνήμη τόσο πιο πιθανό είναι να μεταφερθεί στη μακρόχρονη μνήμη. Χωρίς επανάληψη οι πληροφορίες πιθανότατα δε θα μείνουν στην εργαζόμενη μνήμη για περισσότερο από τριάντα δευτερόλεπτα.

24. Η κατανόηση των συμβολισμών και η σχέση ανάμεσα στην κωδικοποίηση και στην αποκωδικοποίηση απαιτούν αναπτυξιακό χρόνο[15]. «Στην ηλικία των 9-10 ετών διαπιστώνουμε μια απότομη πρόοδο στην αφομοίωση των γραμματικών κανόνων...»[16]. Η ικανότητα της αντίληψης και οι μηχανισμοί της παρουσιάζουν σημαντική αναπτυξιακή βελτίωση κατά τα έτη 6-7 και γύρω στα 10 είναι ικανό να πραγματοποιεί πολλαπλώς γνωστικές διαδικασίες επειδή αναπτύσσει πλήρως τους μηχανισμούς της προσοχής.

25. Η αντίληψη είναι αναπτυξιακή λειτουργία με κατεύθυνση από το όλο στο επιμέρους (Sterry, 1994). Οι άνθρωποι δυσκολεύονται να μάθουν όταν τα μέρη ή σύνολο μιας πληροφορίας παραβλέπονται. Η καλή διδασκαλία βοηθάει την κατανόηση και διαχειρίζεται σωστά τον

---
15 Annete Karmiloff-Smith, *Πέρα από τη σπονδυλωτή διάνοια*, σελ. 176.
16 Maurice Debesse, *Ψυχολογία του παιδιού*, σελ. 88.

χρόνο επειδή η μάθηση επεκτείνεται και αναπτύσσεται. Τα μέρη και τα σύνολα θεωρητικά αλληλοεπιδρούν, παράγουν νόημα το ένα από το άλλο και το μοιράζονται.

26. **Ο ανθρώπινος εγκέφαλος πρέπει να καταγράφει οικεία ερεθίσματα προς αυτόν, να αναζητά και να ανταποκρίνεται σε νέα** (O'Keefe, Nadel, 1978). Ο μαθητής πρέπει να στηρίζεται σε κάτι γνωστό προκειμένου να κατακτήσει την καινούρια γνώση. Όσο περισσότερα γνωρίζει ένα άτομο για ένα αντικείμενο τόσο πιο ικανό είναι να οργανώσει και να απορροφήσει νέες πληροφορίες (Engle, Nations and Cantor, 1990· Kyhara-Kojima and Hatano, 1991).

Στην αντίθετη περίπτωση δεν μπορεί να σκεφθεί. Δεν του παρέχεται η δυνατότητα να πραγματοποιήσει συλλογισμούς, συσχετίσεις και να καταλήξει σε συμπεράσματα. Με την επίκληση του οικείου κινητοποιείται ο μαθητής, δυναμώνεται η εμπιστοσύνη στον εαυτό του και αυξάνεται η αυτοπεποίθησή του.

27. **Τα συναισθήματα και η γνώση δε διαχωρίζονται** (Ornstein, Sobel, 1987· Lakoff 1987· Mc Guinness, Pribram, 1980· Hlagen, Eilson, Squires, Engel, Walter, Grandall 1985). Ό,τι μαθαίνουμε επηρεάζεται και οργανώνεται από συναισθήματα και εγκεφαλικές λειτουργίες. Τα συναισθήματα είναι σημαντικά α) για τη μνήμη επειδή διευκολύνουν την αποθήκευση και την ανάκτηση των πληροφοριών (Rosenfield, 1988) και β) για τη δημιουργία μοντέλων σκέψης.

28. **Η μάθηση ενισχύεται από προκλήσεις και αποτρέπεται από απειλές.** Ο εγκέφαλος υπολειτουργεί υπό απειλή κινδύνου (Hart, 1983) και μαθαίνει βέλτιστα όταν διεγερθεί κατάλληλα. Με την απειλή δεν παράγεται ντοπαμίνη με αποτέλεσμα να μην έχουμε αποτύπωση μνημονικού ίχνους.

Δρ. Στυλιανός Τσιπούρας

Βασικές αρχές για την ανάπτυξη της ορθογραφικής δεξιότητας

1. Η ορθογραφική δεξιότητα αναπτύσσεται με την επαφή με γραπτά κείμενα. Για κάθε 25 λέξεις που διαβάζει ο μαθητής συγκρατεί την ορθογραφία της μίας.
2. Η ορθογραφική δεξιότητα αποκτάται καλύτερα όταν τα παιδιά ενσωματώνουν τις νέες λέξεις σε δικά τους κείμενα.
3. Η ορθογραφική δεξιότητα είναι σύνθετη γλωσσική και μεταγλωσσική δεξιότητα και ως εκ τούτου, η εκμάθησή της πρέπει να λαμβάνει χώρα μέσω μιας πολύπλευρης (φωνολογική, ετυμολογική, συντακτική, σημασιολογική) επεξεργασίας των λέξεων εντός κειμένου ή σε συνδυασμό με πίνακα ή διάγραμμα ή με εικόνα, ανάλογα με την περίπτωση, προκειμένου να συνειδητοποιηθεί και να αποκτηθεί ο έλεγχος επί της διαδικασίας της φωνηματικογραφητικής και μορφηματογραφηματικής αντιστοίχισης παύω, ράβω, άγχος (άνχος).
4. Η ορθογραφική δεξιότητα πρέπει να στηρίζεται κυρίως στη μορφολογική ορθογραφική δεξιότητα επειδή: α) η

ανάλυση λέξεων στα συνθετικά μορφήματα βοηθά στην αυτονόμηση των μορφημάτων και στον ευκολότερο χειρισμό τους και β) η μορφολογική ορθογραφική διαδικασία επιδρά ενισχυτικά στην οπτική αναπαράσταση της λέξης, πάνω στην οποία πραγματοποιείται η επεξεργασία της ορθογραφικής δομής των λέξεων. Επισημαίνεται ιδιαιτέρως ότι η ετυμολογία και το λεξικό ενεργοποιούν και επιτείνουν την μορφολογική συνείδηση.

5. **Επιβάλλεται η ενεργή εμπλοκή του μαθητή στην ανεύρεση του γραμματικού κανόνα.**

6. **Αυτοδιόρθωση αιτιολογημένη.**

Ο μαθητής, προκειμένου να επιτύχει την ορθογραφική αποκατάσταση, αναγκάζεται να ανακαλέσει στη μνήμη του ανάλογες διδακτικές προσεγγίσεις, προηγούμενες εμπειρίες και να κινητοποιήσει εναλλακτικές ορθογραφικές γνώσεις και ορθογραφικές διαδικασίες. Επομένως, ο μαθητής εγκολπώνοντας τη διαδικασία της αυτοδιόρθωσης κατατείνει προς την αυτοδυναμία. Ας μη λησμονούμε ότι η αυτοδιόρθωση είναι χαρακτηριστικό της ζωής και ο περιορισμός της δυσκολεύει την πορεία του ανθρώπου και τείνει να αφανίσει την εμπειρία του. Ο χτίστης, ο δημιουργός που μόνος του αλλάζει πολλές θέσεις της πέτρας μέχρι την οριστική, την τελική της θέση, αυτοδιορθώνεται. Τα παιδιά μιλώντας, διαβάζοντας γράφοντας και κάνοντας πολλά άλλα πράγματα είναι απόλυτα ικανά -εφόσον δεν πιέζονται ή κάποιοι μεγάλοι δεν τα κάνουν να ντρέπονται ή να φοβούνται- να επισημαίνουν και να διορθώνουν τα περισσότερα από τα λάθη τους. Η αυτοδιόρθωση ως απαιτητική και ανωτέρου επιπέδου νοητική διεργασία προϋποθέτει, εκτιμήσεις, συσχετίσεις, αποφάσεις και οπωσδήποτε κάποιο πλάνο που υπαγορεύει πώς να ενεργήσει το άτομο. Η επαναφορά στο ορθό με ίδια μέσα είναι μάθηση και μάλιστα πρωτότυπη, ουσιαστική, διακριτική, μόνιμη. Η διαδικασία της αυτοδιόρθωσης ικανοποιεί το αίσθημα του παιδιού για επιτυχία και ως εκ τούτου δε βιάζεται η αξιοπρέπειά του.

Σε δύσκολες περιπτώσεις ο δάσκαλος δείχνει τις παρακαμπτήριες οδούς για την προσπέλαση του προβλήματος.

7. Το ορθογραφικό λάθος δεν χαρακτηρίζει όλη τη λέξη ως ανορθόγραφη αλλά μόνο ένα τμήμα της.

Μια λέξη δεν μπορεί να χαρακτηρίζεται γενικά ως ανορθόγραφη. Η παρουσία ενός λάθους δεν μπορεί να αναιρέσει όλα τα ορθογραφημένα τμήματά της, π.χ. *οικόπαιδο*. Εάν στη συγκεκριμένη περίπτωση υπογραμμίζαμε ολόκληρη τη λέξη, τότε θα επιφέραμε σύγχυση και αμφιβολία στο μαθητή για την ορθογραφική του ικανότητα, θα τον βάζαμε στη διαδικασία αμφισβήτησης όλων των ορθογραφικών πληροφοριών της λέξης. Μία άλλη περίπτωση είναι: αν ένα παιδί έχει γράψει τη λέξη *παραμήθι* και ο δάσκαλος -αφού έχει υπογραμμίσει όλη τη λέξη- ζητά από το παιδί να τη διορθώσει, τότε έχει προκαλέσει σύγχυση και αμφιβολία στο παιδί μπλοκάροντας το γνωστικό ορθογραφικό του σύστημα με επακόλουθες δυσάρεστες συνέπειες στην αυτοεικόνα του και την αυτοπεποίθησή του. Το παιδί θα αναρωτηθεί για την ορθογραφημένη γραφή όλων των τμημάτων της λέξης: παρά-μύθος-κατάληξη <ι>. Στην προκειμένη περίπτωση το πρώτο συνθετικό «παρά» και η κατάληξη <ι> είναι σωστά. Αν όμως υπογραμμιστεί μόνο το συγκεκριμένο τμήμα της λέξης που είναι ανορθόγραφα γραμμένο, τότε η προσοχή του μαθητή θα εστιαστεί στο ουσιώδες.

Η διαδικασία της αυτοδιόρθωσης μπορεί να επιβοηθηθεί. Στην περίπτωση αυτή υπάρχει διαφοροποίηση στη συμπεριφορά του/της εκπαιδευτικού. Στους πολύ καλούς μαθητές γράφεται στο τέλος του κειμένου ο συνολικός αριθμός των λαθών, π.χ. τρία (3) λάθη και το παιδί θα φροντίσει να τα βρει. Στους μέτριους μαθητές σημειώνεται, στην άκρη κάθε σειράς, ο αριθμός των λαθών που υπάρχει και τα οποία ο μαθητής/τρια καλείται να βρει και να διορθώσει μόνος του/της. Στους αδύνατους μαθητές υπογραμμίζεται το λάθος και ο μαθητής καλείται να το διορθώσει. Στη συνέχεια, ο δάσκαλος περιφέρεται στην τάξη για να δει αν οι μαθητές διόρθωσαν σωστά το γραπτό τους. Κάθε φορά η προσοχή στου δασκάλου επικεντρώνεται σε ένα λάθος και πρωτίστως σε αυτό που εμφανίζεται με τη μεγαλύτερη συχνότητα. Το λάθος πρέπει να διορθώνεται τη στιγμή που γίνεται διαφορετικά, η αναχρονιστική διόρθωση ενός ορθογραφικού ή γραμματικού ή τέλος ενός συντακτικού λάθους στο τετράδιο του μαθητή είναι μια εντολή χωρίς παραλήπτη.

Τα λάθη των παιδιών πρέπει να γίνονται αντικείμενα συζήτησης και άσκησης στην τάξη. Επισημαίνεται ότι η διόρθωση των ορθογραφικών και γραμματικών λαθών στη γραμματική έκφραση περιορίζεται σε εκείνες τις περιπτώσεις που περιλαμβάνονται στη γλωσσική διδασκαλία της τάξης στην οποία ανήκει ο μαθητής (βασικό λεξιλόγιο).

8. **Όχι ανοχή στα ορθογραφικά λάθη.** Η ανοχή από μέρους του δασκάλου συνεπάγεται και την ανοχή εκ μέρους του μαθητή σε αυτά.

9. **Πολυδιάστατη διδακτική προσέγγιση γραπτής έκφρασης.** Πολύπλευρες δυνατότητες προσέγγισης, συνδυασμός κίνησης, ομιλίας και οπτικών αντιληπτικών διαδικασιών. Η ορθογραφική δεξιότητα είναι σημαντικό συστατικό της γραπτής έκφρασης επειδή επηρεάζει σημαντικά την αισθητική του μηνύματος, τη νοηματοδότηση του και την κατανόησή του.

Ο προφορικός και ο γραπτός λόγος δεν είναι μόνο μία ορθή γραμματικοσυντακτική παράθεση λέξεων και φράσεων. Στον προφορικό λόγο εμπεριέχεται μελωδία και ρυθμός, τα οποία του δίνουν τη συναισθηματική χροιά. Αυτή η λειτουργία εξαρτάται πρωτίστως από το δεξιό ημισφαίριο (Κούβελας).

10. Η χωρητικότητα της μνήμης εργασίας και ο χρόνος συγκράτησης των πληροφοριών σε αυτή επηρεάζει την ορθογραφική δεξιότητα.

11. Η λαγαρή άρθρωση, η ακουστότητα, η ευδιάκριτη συλλαβική δομή, ο χρωματισμός της φωνής υποστη-

ρίζουν σημαντικά την ορθογραφική δεξιότητα (Ossher 1999, κλπ).

12. Το μάθημα της ορθογραφίας και η μελέτη-διερεύνηση της γλώσσας -γραμματική- βρίσκονται σε αλληλεπίδραση. Η ανάκληση λεκτικών αναπαραστάσεων και κανόνων βοηθούν στην εσωτερική κατασκευαστική δραστηριότητα του νοητικού λεξικού. Ο ορισμός (κανόνας) είναι εύκολα ανακλήσιμος στη μνήμη, καταλαμβάνει λίγη χωρητικότητα μνήμης στον εγκέφαλο και εμπεριέχει το τελικό συμπέρασμα.

13. Η μελέτη των μηχανισμών της οπτικής προσοχής έχει υπογραμμίσει τον ρόλο του οπτικού ανταγωνισμού των γραμμάτων ή λέξεων κατά την οπτική αναζήτηση (μέγεθος, χρώμα, μορφή).

14. Το οπτικό μας σύστημα πριμοδοτεί την επεξεργασία των πιο ζωηρών, έντονων και διακριτών ερεθισμάτων.

15. Η οπτική εξερεύνηση μιας λέξης προσβάλλεται από την κατανομή της πληροφορίας μέσα στη λέξη.

16. Μια λέξη τραβά ευκολότερα την προσοχή όταν προηγουμένως έχει γίνει αντικείμενο επεξεργασίας.

Δρ Στυλιανός Τσιπούρας

Παρουσίαση φάσεων μεθόδου

Σκοπός: καταληκτικά λάθη.
Έστω ότι θέλουμε να κατακτήσουν τα παιδιά τον κανόνα: «Τα ουδέτερα που τελειώνουν σε [ι] γράφονται με γιώτα (ι)».
1. Επιλέγουμε μία παράγραφο από ένα ενδεικτικό κείμενο ή γράφει-συνθέτει ο δάσκαλος ένα στον πίνακα με τη βοήθεια των μαθητών. Έστω το κείμενο: «Το παιδί παίζει στην αυλή. Ο πατέρας τού έφτιαξε ένα ξύλινο σπίτι πάνω στον πλάτανο. Ανεβαίνει σε αυτό με ανεμόσκαλα. Η μητέρα του φέρνει το φαγητό. Το αφήνει στο τραπέζι που βρίσκεται δίπλα στον κορμό του δέντρου. Το σκυλί έρχεται και κάθεται δίπλα στο τραπέζι κουνώντας την ουρά του...».
2. Τα παιδιά κλείνουν σε παρένθεση ( ) όλα τα ουσιαστικά.
3. Τα παιδιά <u>υπογραμμίζουν</u> με μπλε χρώμα τα ουδέτερα ουσιαστικά.

4. Τα παιδιά κυκλώνουν με πράσινο χρώμα τα ουδέτερα ουσιαστικά που τελειώνουν σε [ι].
5. Τα παιδιά κάνουν με κόκκινο χρώμα έντονο το (ι).
6. Τα παιδιά βγάζουν τον κανόνα.
7. Τα παιδιά βρίσκουν και άλλες λέξεις (ουδέτερα) που τελειώνουν σε (ι), τις οποίες ο δάσκαλος τις γράφει στον πίνακα.
8. Τα παιδιά καλούνται να γράψουν ένα κείμενο ή μια ιστορία χρησιμοποιώντας όσες περισσότερες λέξεις μπορούν από τον πίνακα και από το κείμενο που επεξεργάστηκαν.
9. Υπογραμμίζουν με το μολύβι τους, στο κείμενο που συνέθεσαν, τις λέξεις που χρησιμοποίησαν ή τα ουδέτερα που τελειώνουν σε [ι] αν χρησιμοποίησαν και δικές τους λέξεις.
10. Υπογραμμίζουν με κόκκινο μολύβι το (ι).
11. Κατ' οίκον εργασία: Συμπληρώνουν το (ι) σε κείμενο συμπλήρωσης κενών του/της δασκάλου/ας.
12. **Οι εξαιρέσεις άλλη μέρα, άλλη φορά.**
Η διαδικασία επαναλαμβάνεται για το <η >των θηλυκών.
Προσοχή. Αν η διδασκαλία γίνεται τη Δευτέρα, τότε την Τρίτη δίνουμε άσκησης συμπλήρωσης κενών μόνο για το <η>. Από την Τετάρτη και μετά δίνουμε άσκηση συμπλήρωσης κενών με <ι>, <η> μέχρι την Παρασκευή.
Η διαδικασία επαναλαμβάνεται για το <οι> του πληθυντικού αριθμού.
Αν τη Δευτέρα γίνει η διδασκαλία του <οι>, τότε την Τρίτη δίνουμε άσκηση συμπλήρωσης κενών μόνο με <οι>.

Από την Τετάρτη και μετά δίνουμε ασκήσει συμπλήρωσης κενών (<ι>, <οι>), (<η>, <οι) και (<ι>,<η>, <οι>) και μέχρι την Παρασκευή.

Η διαδικασία επαναλαμβάνεται με τις καταλήξεις <ει> των ρημάτων το <η> του πληθυντικού των ουδετέρων, το <υ> των ουδετέρων (εξαιρέσεις), ενώ συγχρόνως κάθε φορά αναλογικά και ισότροπα αυξάνονται τα καταληκτικά κενά του δίνουμε σε ασκήσεις συμπλήρωσης κενών.

Ακολουθεί η διδασκαλία των καταλήξεων <ε> και <αι> των ρημάτων, το <ο> των ονομάτων και το <ω> των ρημάτων, η ρηματική κατάληξη <ίζω> και οι εξαιρέσεις της και η κατάληξη <οντας> και <ώντας> της ενεργητικής μετοχής.

Δρ Στυλιανός Τσιπούρας

Βιβλιογραφία

Αδαλόγλου, Κυριακή, (2007): *Η γραπτή Έκφραση των Μαθητών*, Αθήνα, Κέδρος

Ανάγνωση και Σχολείο, (1997): Εθνικό Κέντρο Βιβλίου, ΟΕΔΒ

Αποστόλου-Μπελερή, Φρόσως, (1989): *Ατόφια Λαλιά*, Αθήνα, Λύχνος

Αρχοντάκης, Μανόλης, (2001): *Ορθογραφώ*, Αθήνα, Καστανιώτης

Ατομικές Διαφορές, Μεγάλες Αποκλίσεις, αποκωδικοποιώντας τα μυστικά του εγκεφάλου, Θέματα-1, περιοδικό Scientific American, 2008, Αθήνα, Κάτοπτρο

Βαλάκος, Σ. (2002): *Νόηση. Η λειτουργία του εγκεφάλου*, Αθήνα, Έκδοση περιοδικού RAM

Βάμβουκας, Μ., (1984): *Ψυχοπαιδαγωγική θεώρηση της κατανόησης των αναγνωσμάτων*, Αθήνα, Γρηγόρη.

Βιγγόπουλος, Η. (1968): *Ορθογραφία, διδασκαλία ορθογραφίας εις το δημοτικό σχολείον*, Μεγάλη

Παιδαγωγική Εγκυκλοπαίδεια, Αθήνα, Ελληνικά Γράμαμτα, σελ. 245-247

Βιτούλης, Μιχάλης, (2005): *Δημιουργική σκέψη και χρήση Η/Υ. Διερεύνηση της επίδρασης που έχει η χρήση των Η/Υ στην ανάπτυξη της δημιουργικής σκέψης των μαθητών Δ', Ε', Στ', Δημοτικού και Α' Γυμνασίου*, (Διδακτορική Διατριβή), Πανεπιστήμιο Δυτικής Μακεδονίας, Παιδαγωγική Σχολή Φλώρινας

Βοσνιάδου, Στέλλα, (1998): *Γνωσιακή Ψυχολογία*, Αθήνα, Gutenberg

Βοσνιάδου, Στέλλα, (1999): *Κείμενα Εξελικτικής Ψυχολογίας, Σκέψη*, τόμ. Β'. Αθήνα, Gutenberg

Γέρου, Θ. (1959): Μια έρευνα για το ορθογραφικό πρόβλημα στο Δημ. Σχολείο, περιοδ. Παιδεία και Ζωή, σελ. 153-157

Γιαννέλη, Κ., (1949): *Η Γραμματική και η Ορθογραφία*, Βόλος, Λουλούδια

Γιαννικόπουλος, Γρηγόρης, (1996): *Μαθαίνω Ορθογραφία με Σταυρόλεξα, Β' Δημοτικού*, Αθήνα Πατάκης.

Γκόλιαρης Χρ., (1981): *Τα ορθογραφικά λάθη των μαθητών του Δημ. Σχολείου*, Αθήνα, Εκδ. ιδίου

Γκότοβος, Α., (1992): *Ορθογραφική μάθηση στο δημοτικό: μια εμπειρική έρευνα*, Αθήνα, Gutenberg.

Γρηγοριάδης, Νικόλαος, (2007): *Στατιστική Ανάλυση της Μάθησης*, (Μεταπτυχιακή Εργασία), ΑΠΘ, Τμήμα Μαθηματικών.

Δάλκος, Χ., (1993): *Συντακτικόν εν Κωμικογραφήμασιν*, Αθήνα, Πλούμπω

Δημάση, Μαρία, (2001): *Η Διδασκαλία των Πεζών και των Ποιητικών Κειμένων στο Δημοτικό Σχολείο,* Αθήνα, Ελληνικά Γράμματα.

Δημητρίου, Ν., (2000): *Εμπεδωτικές Ασκήσεις στα γραμματικά φαινόμενα της νέας ελληνικής,* Αθήνα, Πνευματικός

Δήμου, Γεώργιος, (2008): *Εκπαιδευτική Ψυχολογία, τόμος I, Θεωρίες Μάθησης, τόμος II, Μαθησιακές Δυσκολίες,* Αθήνα Gutenberg

Ζακεστίδου Σ. και Βακάλη Μανιού Μ., (1987): *Προβλήματα ορθογραφίας των μαθητών της Α΄ και Β΄ τάξης Γυμνασίου,* περιοδ. Παιδεία, τεύχ. 42, σελ. 80-92

Ζάχος, Δημήτρης, (1992): *Ανάγνωση και Γραφή, ψυχογλωσσολογική Προσέγγιση,* Αθήνα, Κέντρο Ψυχικών Μελετών

Ζαρκαδάκης, Γιώργος, (2001): *Το Μυστήριο του Νου,* Β΄ Έκδοση, Αθήνα, Ελληνικά Γράμματα

Ζαφρανάς, Α., & Ζαφρανά-Κάτσιου, Μ., (2000): *Από τον Εγκέφαλο στη Νόηση,* Γ΄ Έκδοση, Θεσσαλονίκη, Αφοί Κυριακίδη

Ζαφρανάς, Α., & Ζαφρανά-Κάτσιου, Μ., (2001): *Ύλη και Εγκέφαλος,* Γ"Εκδοση, Θεσσαλονίκη, Αφοί Κυριακίδη

Ζαφρανά-Κάτσιου, Μαρία, (2001): *Εγκέφαλος και Εκπαίδευση,* Θεσσαλονίκη, Αφοί Κυριακίδη

Θεοφανοπούλου- Κόντου, Δ., (1989): *Μετασχηματιστική Σύνταξη, από την θεωρία στην πράξη,* Αθήνα, Καρδαμίτσα

Ιορδανίδου, Α., (1998): *Η ορθογραφία στα νεοελληνικά λεξικά,* περιοδ. Γλώσσα, τεύχ 44, σελ. 4-21

Ιορδανίδου, Άννα, (2004): *Οδηγός της Νεοελληνικής Γλώσσας*, τόμ. Α΄ και Β΄, Αθήνα, Πατάκη
Καλτσίκη, Έμμυ, (χ.χ.): *Παιχνίδια Ορθογραφίας, Οικογένειες λέξεων*, Αθήνα, Καμπανά.
Καλτσίκη, Έμμυ, (χ.χ.): *Παιχνίδια Ορθογραφίας, Ομόηχες λέξεις*, Αθήνα, Καμπανά.
Καλτσίκη, Έμμυ, (χ.χ.): *Παιχνίδια Ορθογραφίας*, Β΄ τεύχος, Αθήνα, Καμπανά.
Καραβασίλης, Γεώργιος, (1991): *Η τέχνη της διδασκαλίας του γλωσσικού μαθήματος*, Αθήνα, Βιβλιογονιά.
Καραπέτσας, Αργύρης (1988): *Νευροψυχολογία του Αναπτυσσόμενου Ανθρώπου*, Αθήνα: Σμυρνιωτάκης.
Καρατζά, Α., (2001): *Η αυτοεπιλογή της φωνηκογραφηματικής αντιστοιχίας κατά την εκδήλωση της ορθογραφικής δεξιότητας παιδιών ηλικίας 11-12 ετών*, στο Μ. Βάμβουκα και Α. Χατζηδάκη (επιμελ.), Μάθηση και διδασκαλία της ελληνικής ως μητρικής και ως δεύτερης γλώσσας, Αθήνα, Ατραπός, τόμ. Α΄, σελ. 237-252
Καραντζάς, Α., (2005): *Μάθηση της Ορθογραφικής Δεξιότητας, Γνωστικο-ψυχογλωσσική προσέγγιση*, Αθήνα, Γρηγόρη
Καραντζής, Ιωάννης, (2007): *Εφαρμογές βασικών αρχών της μάθησης στην εκπαίδευση*, Αθήνα, Gutenberg
Κασέτας, Ανδρέας-Ιωάννου, (1996): *Το μακρόν Φυσική προ του βραχέος Διδάσκω*, Αθήνα, Σαββάλας
Κατσαρού, Ελένη, & Τσάφος, Βασίλης, (2003): *Από την Έρευνα στη Διδασκαλία*, Αθήνα, Σαβάλλας

Κέντρο Εκπαιδευτικής Έρευνας, (2008): *Ανάλυση του γραπτού λόγου των μαθητών της Πρωτοβάθμιας Εκπαίδευσης, Ανάλυση των λαθών μαθητών του Γυμνασίου –Λυκείου*, Αθήνα

Κολιάδη Ε., (2002): *Γνωστική Ψυχολογία, Γνωστική Νευροεπιστήμη και Εκπαιδευτική Πράξη*, Αθήνα Εκδ. ιδίου.

Κουγιουμτζάκης, Γιάννης, Επιμέλεια, (1995): *Αναπτυξιακή Ψυχολογία*, Ηράκλειο, Πανεπιστημιακές Εκδόσεις Κρήτης.

Κουλαϊδής Βασίλης, (2007): *Σύγχρονες Διδακτικές, Προσεγγίσεις για την Ανάπτυξη Κριτικής –Δημιουργικής Σκέψης για την Πρωτοβάθμια Εκπαίδιευση*, Αθήνα, ΟΕΠΕΚ

Κουτζαμάνης, Αριστείδης, (1997): *Νοητική Ανάπτυξη, Ευφυΐα, και Δημιουργική Σκέψη*, Μυτιλήνη

Κυριακίδου-Χριστοφίδου, Αθηνά, (2010): *Ρήματα: Ορθογραφία και Γραμματική*, Λεμεσός, Πράσινη Πρίζα

Κωβαίου, Γιάννη, (1997): *Λέγειν και Γράφειν, Ασκήσεις και παιχνίδια για να μιλάμε και να γράφουμε σωστά*, Αθήνα, Τυπωθήτω

Κώδικες του Εγκεφάλου, Πώς λειτουργεί ο νους, περιοδικό Scientific American, Ελληνική Έκδοση, Θέματα 5, 2008.

Κωνσταντινίδου, Μαργαρίτα, (2003): *Μάθε μου τη γλώσσα Ευχάριστα*, Αθήνα, Ατραπός

Κωνσταντινίδου, Μαργαρίτα, (1998): *Αγαπώ ό,τι Καταλαβαίνω*, Αθήνα, Ελληνικά Γράμματα

Κωσταρίδου-Ευκλείδη Αναστασία, (1997): *Ψυχολογία της σκέψης*, Αθήνα, Ελληνικά Γράμματα

Λεοντίου, Ν., Κυριακού, Μ., Δαμιανός, Α., Κουντουρής, Φ., (1989): *Διδάσκω τη Γλώσσα μου*, Λευκωσία

Λοΐζος, Λοΐζος, (2009): *Μάθηση*, Θεσσαλονίκη, Γερμανός

Λυμπεράκης, Στάθης, (1997): *Εγκέφαλος και Ψυχολογία, Εισαγωγή στη Νευροψυχολογία*, Β΄Έκδοση, Αθήνα, Ελληνικά Γράμματα

Μακρής, Χάρης, (2001): *Επικοινωνιακή γλωσσική διδασκαλία*, Αθήνα, Τυπωθήτω

Μάνου, Β., (2002): *Ωρίμανση αντιληπτικής ικανότητας παιδιών Α΄ Δημοτικού και Νηπιαγωγείου*, περιοδικό Επιστήμες Αγωγής, Πρώην «Σχολείο και Ζωή» τεύχ. 3, σελ. 47-57.

Μανταδάκη –Παπαδοπούλου, Σμαράγδα, (2008): *Η συμβολή του Alighieri Dante, στη διδακτική των ζωντανών γλωσσών*, Αθήνα, Gutenberg

Μανταδάκη, Σμαράγδα, (1999): *Η Ολική Γλώσσα στη διδακτική της γλωσσικής έκφρασης για την Α/θμια Εκπ/ση, Θεωρία και Πράξη*, Θεσσαλονίκη, Κώδικας

Ματσαγγούρας, Ηλίας, (2004): *Κειμενοκεντρική Προσέγγιση του γραπτού λόγου, ή αφού σκέφτονται γιατί δεν γράφουν;* Αθήνα, Γρηγόρη

Μαυροειδή, Αθηνά, (2011): *Διαφορές στα Ορθογραφικά Λάθη μεταξύ Δυσλεξικών και Κανονικών Ενηλίκων*, Πανεπιστήμιο Μακεδονίας,

Μια πολυεπιστημονική Θεώρηση της Γλώσσας, (1998): 2ⁿ Έκδοση, Ηράκλειο, Πανεπιστημιακές Εκδόσεις Κρήτης

Μότη – Στεφανίδη, Φρόσω, (1999), Αξιολόγηση της Νοημοσύνης παιδιών σχολικής ηλικίας και εφήβων, Ελληνικά Γράμματα, Αθήνα

Μουτζούρη-Μανούσου, Ειρήνη & Πρόσκολλη, Αργυρώ (2005): Τα μονοπάτια της μάθησης – Εφαρμογές στην εκπαιδευτική πράξη- Πατάκη, Αθήνα

Μπαϊτάση, Πελαγία, (2010): Η διδασκαλία της ορθογραφίας στις τρεις πρώτες τάξεις του δημοτικού σχολείου: Μια συγκριτική μελέτη από το 1982 μέχρι σήμερα, ΠΤΔΕ, ΑΠΘ, Μεταπτυχιακή Εργασία.

Μπαμπινιώτης, Γεώργιος, (1994): Παιδεία, Εκπαίδευση και Γλώσσα, Αθήνα, Gutenberg

Μπαμπινιώτης, Γεώργιος, & Νανόπουλος, Δημήτριος, (2010): Από την κοσμογονία στη γλωσσογονία, 4[η] Έκδοση, Αθήνα, Καστανιώτη

Μπαμπινιώτης, Γ., & Κλαίρης, Χρ., (2004): Γραμματική της Νέας Ελληνικής, Δομολειτουργική- Επικοινωνιακή, Αθήνα, Ελληνικά Γράμματα

Μπαμπλέκου, Ζωή, (2003): Η ανάπτυξη της μνήμης, Γνωστική διαδρομή στην παιδική ηλικία, Αθήνα, Τυπωθήτω

Μπουλογιώργος, Αχιλλέας, (1991): Γλωσσική Αγωγή, Τρίκαλα, Κηρήθρες

Μπουρούτη- Γκενάκου, Ζωή, (1992): Ετυμολογικό Νεοελληνικής-Διδακτική προσέγγιση, Αθήνα

Νεοελληνική Γραμματική (1978): Ίδρυμα Μανόλη Τριανταφυλλίδη, ΑΠΘ

Ντινόπουλος, Αθανάσιος, (2007): Αναζητώντας τον χαμένο χρόνο. Μια νευροβιολογική ανάγνωση. Αθήνα, Πανεπιστημιακές Εκδόσεις Παρισιάνου ΑΕ

Ξανθάκου, Γιώτα, Καΐλα, Μαρία, (2002): *Το Δημιουργικής επίλυσης πρόβλημα*, Αθήνα, Ατραπός.

Ξανθάκου, Γιώτα, (1998): *Δημιουργικότητα στο Σχολείο*, Αθήνα, Ελληνικά Γράμματα

Παντελιάδου, Σουζάνα, Αντωνίου, Φαίη, (Επιμέλεια), (1998): *Διδακτικές Προσεγγίσεις και Πρακτικές για μαθητές με Μαθησιακές Δυσκολίες*, Βόλος, ΠΤΕΑ, Πανεπιστήμιο Θεσσαλίας.

Παντελόγλου, Λέλια, (2009): *Μυστικά Ορθογραφίας, Α΄*, Αθήνα: Δέλτος.

Παπαγεωργίου, Γεώργιος, (χ.χ.): *Η παραγωγή και η σύνθεση λέξεων στη Νέα Ελληνική Γλώσσα, Β΄ Έκδοση*, Αθήνα

Παλιά ερωτήματα της Ψυχολογίας, Νέες απαντήσεις της νευροεπιστήμης, Θέματα-6, περιοδιικό Scientific American, 2008, Αθήνα, Κάτοπτρο

Παρασκευά Φωτεινή & Παπαγιάννη, Αικατερίνη, (2008): *Επιστημονικές και Παιδαγωγικές δεξιότητες για τα στελέχη της εκπαίδευσης*, Αθήνα, ΠΙ, ΥΠΕΠΘ

Παρασκευόπουλος, Ι., (2004): *Δημιουργική Σκέψη στο Σχολείο και στην Οικογένεια*, Αθήνα

Παρασκευόπουλος, Ιωάννης, & Παρασκευοπούλου, Πολυξένη, (2009): *Δαίδαλος: Πρόγραμμα Άσκησης της Δημιουργικής Σκέψης στο σχολείο και στην οικογένεια*, Αθήνα

Παπαδόπουλος, Αντώνης, (1998): *Το παιχνίδι της ορθογραφίας, Για τις τάξεις Γ΄, Δ΄, Ε΄, και Στ΄ Δημοτικού*, Αθήνα, Πατάκη

Παπαδόπουλος, Αντώνης, (1999): *Ελάτε να παίξουμε Ορθογραφία*, Αθήνα, Πατάκη

Παπαδοπούλου-Μανταδάκη, Σμαράγδα, (2004): *Η μάθηση της Ορθογραφίας*, Αθήνα, Μεταίχμιο

Παπαντωνίου, Π., & Τσολακίδου, Ελ., (2007): *Η Γραμματική της τάξης μου, Γ' Δημοτικού*, Αθήνα, Μεταίχμιο.
Παπάς, Αθανάσιος,(χ.χ.): *Διδακτική της Γλώσσας και Κειμένων*, τόμ. Ά και Β', Αθήνα,
Παπαχρίστου, Β., Κουρεμένος, Γ., Μάνδαλος, Λ., (2002): *Η Επανάσταση στη Διδασκαλία του γλωσσικού Μαθήματος*, Αθήνα, Η Προοπτική
Πολίτης, Αλέξανδρος, (1988): *Σύγχρονο σύστημα ορθογραφίας, εφαρμοσμένο*, Αθήνα, Πολύτυπο
Πούρκος, Μάριος, (1997): *Ο ρόλος του πλαισίου στην ανθρώπινη επικοινωνία, την εκπαίδευση και κοινωνικοηθική μάθηση*, Αθήνα, Gutenberg
Ρέτσος, Ηλίας, (2001): *64 Τεστ Λεξιλογικών Ασκήσεων, Η τέχνη του γλωσσικού εμπλουτισμού*, Θεσσαλονίκη, Ζήτη
Σαλβαράς, Γιάννης, (1980): *Δομική διαδικασία μάθησης του γλωσσικού μαθήματος*, Αθήνα, Νικόδημος
Σκόπας, Ν., Επιμέλεια, (χ.χ.): *Η γλώσσα μου, Γ' Τεύχος, Σύνθεση των λέξεων*, Αθήνα, Καμπανά
Σκόπας, Ν., Επιμέλεια, (χ.χ.): *Η γλώσσα μου, Β' Τεύχος, Παραγωγή των λέξεων*, Αθήνα, Καμπανά
Στασινός, Ηλίας (1992): *Παρατηρήσεις και Συμπεράσματα από τη διδασκαλία του γλωσσικού μαθήματος στο δημοτικό Σχολείο*, Αθήνα.
Σούλης, Σπυρίδων-Γεώργιος, (2006): *Παιδιά και έφηβοι με υψηλή νοητική λειτουργικότητα και η εκπαίδευσή τους*, Αθήνα, Τυπωθήτω
Τζάρτζανος, Αχιλλέας, (1989): *Νεοελληνική Σύνταξις*, Β' Έκδοση, τόμ. Α' και Β', Θεσσαλονίκη, Αφοί Κυριακίδη

Τηλιακός, Αντώνης-Στέφανος, (1943): *Για τη Φωνητική Ορθογραφία*, Θεσσαλονίκη
Τριανταφυλλίδη, Μανόλη, (1932): *Το πρόβλημα της ορθογραφίας μας*, Αθήνα, Δημητράκου
Τσακρής, Παναγιώτης, (1999): *Στοιχεία Θεωριών της λογοτεχνίας και εφαρμογή τους στη διδακτική τους πράξη*, Αθήνα, Καστανιώτη
Τσακπίνη, Κυράνα, *Μάθηση, Γλώσσα, Γνώση, Πρόγραμμα Ορίζοντες της Νευροψυχολογίας*, Οκτώβριος 2004-Φεβρουάριος 2005, Θεσσαλονίκη
Τσέγκος, Ι., Παπαδάκης, Θ., Βεκιάρη, Δ., (2005): *Η εκδίκηση των τόνων, Η επίδραση των «Αρχαίων Ελληνικών» και του «Μονοτονικού» στην ψυχοεκπαιδευτική εξέλιξη του παιδιού, Συγκριτική Μελέτη*, Αθήνα, Εναλλακτικές εκδόσεις
Τσολάκης, Χρίστος, (Επιμέλεια), (1990): *Μαθήματα Γραμματικής*, ΠΤΔΕ, ΑΠΘ
Τσομπανάκης, Αγαπητός, (1994): *Νεοελληνική Γραμματική*, Θεσσαλονίκη, Αφοί Κυριακίδη
Φορτούνη, Τ., Κομματάς, Ν., Αλεξανδράτος, Γ., Ράπτη, Α., (2006): *Οι Χάρτες Εννοιών στο Σχολείο, Θεωρητικό πλαίσιο-Διδακτική Αξιοποίηση-δραστηριότητες*, Αθήνα, Ατραπός
Φίλος, Στέφανος, (1981): *Μεθοδική Νεοελληνική Γραμματική*, Αθήνα, Παπαδήμα,
Φιλιππάκη-Warburton Ειρήνη, Γεωργιαφέντης, Μ., Κοτζόγλου, Γ., Λουκά, Μ., (2012): *Γραμματική Ε΄ & Στ΄ Δημοτικού*, Αθήνα ΠΙ/ΥΠΑΙΘ
Φλουρής, Γεώργιος, *Εγκέφαλος, Μάθηση, Νοημοσύνη και Εκπαίδευση*, περιοδικό Επιστήμες της Αγωγής, τεύχ. 2/2005

Φραγκιά, Μαρία, (2000): *Το αλφαβητάρι της Φύσης*, Αθήνα, Ελληνικά Γράμματα

Χαραλαμπάκης, Χρ., (1994): *Γλώσσα και Εκπαίδευση, Θέματα διδασκαλίας της Νεοελληνικής γλώσσας*, Αθήνα

Χαραλαμπόπουλος, Αγαθοκλής, & Χατζησαββίδης, Σωφρόνης, (1997): *Η Διδασκαλία της Λειτουργικής χρήσης της γλώσσας: Θεωρία και Πρακτική Εφαρμογή*, Θεσσαλονίκη, Κώδικας

Χαραλαμπόπουλος, Ιωάννης, (χ.χ.): *Πρόγραμμα Αγωγής και ασκήσεως της Δημιουργικής Σκέψεως σε παιδιά του Δημοτικού Σχολείου*, Αθήνα,

Χορτιάτη, Θέτη, (2002): *Παιχνιδογραμματική*, Αθήνα, Άγκυρα.

Χριστίδης, Φ., (Επιμέλεια), (2001): *Εγκυκλοπαιδικός Οδηγός για τη Γλώσσα*, Θεσσαλονίκη, Κέντρο Ελληνικής Γλώσσας

Χρυσοχόου, Ελισάβετ, (2006): *Η συμβολή της εργαζόμενης μνήμης στην ακουστική κατανόηση παιδιών προσχολικής και σχολικής ηλικίας*, (Διδακτορική διατριβή), ΑΠΘ, Τμήμα Επιστημών Προσχολικής Αγωγής και Εκπαίδευσης, τομέας Ψυχολογίας και Ειδικής Αγωγής

Abercrombie, M., (1986): *Δημιουργική Διδασκαλία και Μάθηση, Η ανατομία της σκέψης*, Αθήνα, Gutenberg

Armstrong, Thomas, (1995): *Multiple Intelligences, in the classroom*, Virginia, ASCD

Auerbach, Stevanne, (2007): *Έξυπνα παιχνίδια Έξυπνα παιδιά*, Αθήνα, Πατάκη

Austin, J., (2003): *Πώς να κάνουμε πράγματα με τις λέξεις*, Αθήνα, Βιβλιοπωλείον της «Εστίας»

Bartes, Roland, (1973): *Η απόλαυση του Κειμένου*, Αθήνα, Ράππα
Bazan, Tony,(2003): *Χρησιμοποίησε τη Μνήμη σου*, Αθήνα, Αλκυών
Bazan, Tony,(2003): *Χρησιμοποίησε το Μυαλό σου*, Αθήνα, Αλκυών
Bazan, Tony, (2011): *Οδηγός Μελέτης, Νοητικοί χάρτες, γρήγορο διάβασμα, τεχνικές βελτίωσης της μνήμης*, Αθήνα, Πατάκη
Baudrit, Alain, (2007): *Η ομαδοσυνεργατική μάθηση*, Αθήνα, Κέδρος
Bely, Antrey, (1981): *Η Μαγεία των Λέξεων*, Αθήνα, Έρασμος
Bettelheim, Bryn, & Zelan, Karen, (2006): *Μαθαίνοντας Ανάγνωση, Η γοητεία του νοήματος για το παιδί*, Αθήνα, Καστανιώτη
Bradway, Lauren & Hill, Barbara, (1994): *Δυναμώνοντας την ικανότητα του παιδιού για μάθηση*, τόμ. Α΄ και Β΄, Αθήνα, Αναστασιάδη
Bruer, John, (1994): *Schools For Thought, A Science of Learning in the classroom*, Massachusetts, MIT Press
Caine, Renate, & Caine, Geoffrey, (1994): *Making Connections, Teaching and the Human Brain*, California, Addison-Wesley
Carter, Philip, &, Ken, Russel,(2006): *Ο γρίφος του μυαλού μας και τα μυστικά του*, Αθήνα, Κέδρος.
Carper, Jean, (2009): *Τροφές για δυνατό Εγκέφαλο*, Αθήνα, Μοντέρνοι Καιροί
Chabris, Chr., Simons, Daniel, (2011): *Ο Αόρατος Γορίλας ή Πώς αλλιώς μάς ξεγελάει η διαίσθησή μας*, Αθήνα, Αρμός

Chageux, Jean, & Connew, Alain, (1995): *Τα Μαθηματικά και ο Εγκέφαλος*, Αθήνα, Κάτοπτρο
Changeux, Jean- Pierre, (1983): *Ο Νευρωνικός Άνθρωπος, Πώς λειτουργεί ο ανθρώπινος εγκέφαλος;*, Αθήνα, Ράππα
Charlot, Bernard, (1999): *Η Σχέση με τη γνώση*, Αθήνα, Μεταίχμιο
Chomsky, Noam, (2008): *Γλώσσα και Νους*, Γ' Έκδοση, Αθήνα, Πολύτροπον
Cole, Michael, & Cole, Sheila, (2001): *Η ανάπτυξη των παιδιών*, τόμ. Β' Αθήνα, Τυπωθήτω
Cornish, Dean, (1997). *Love and Syrvival. The Scientific Basis for Healing Power of Intimacy*, New York, Harper Collins
Craig, Grace & Baucum, Don, (2007): *Η ανάπτυξη του Ανθρώπου*, τόμ. Α' Αθήνα, Παπαζήση
Crick, Francis (Νόμπελ Ιατρικής) (1997): *Μια εκπληκτική Υπόθεση, Η επιστημονική αναζήτηση της ψυχής*, Αθήνα, Κάτοπτρο
Crone, John, (2005): *Πώς λειτουργεί ο εγκέφαλος*, Αθήνα, ΚΑΘΗΜΕΡΙΝΗ
Dineen, Jacqueline, (1982): *Η μνήμη και η καλλιέργειά της*, Αθήνα, Θυμάρι
Donaldson, Margaret, (1991): *Η σκέψη των παιδιών*, Αθήνα, Gutenberg
Dreikurs, Rudolf, & Dinkmeyer, Don, (1978): *Ενθαρρύνοντας το παιδί στη μάθηση*, Αθήνα, Θυμάρι
Dunne, Richard, & Wragg, Ted, (2003): *Αποτελεσματική Διδασκαλία*, Αθήνα, Σαββάλας
Edelman, Gerald, (Νόμπελ Ιατρικής), (1996): *Αιθέρας Θεϊκός, Λαμπερή Φωτιά*, Αθήνα, Κάτοπτρο

Egan, Kieran, (2005): *Ο Πεπαιδευμένος Νους, Πώς τα νοητικά εργαλεία διαμορφώνουν την κατανόησή μας*, Αθήνα, Ατραπός
Elliott, S., Kratochwill, Th., Littlefield, J., Travers, J., (2008). *Εκπαιδευτική Ψυχολογία, Αποτελεσματική Διδασκαλία, Αποτελεσματική Μάθηση*, Αθήνα, Gutenberg
Eysenck, Michael, (2006): *Βασικές Αρχές Γνωστικής Ψυχολογίας*, Αθήνα, Gutenberg
Feldman, Robert, (2009): *Εξελικτική Ψυχολογία, Διά Βίου Ανάπτυξη*, τόμ. Α΄ Αθήνα, Gutenberg
Foulin, Jean, & Mouchon, Serge, (2001): *Εκπαιδευτική Ψυχολογία*, Αθήνα, Μεταίχμιο.
Gamon, David & Bragdon, Allen. (2002): *Πώς να μαθαίνετε γρηγορότερα και να θυμάστε περισσότερα*, Αθήνα : Αλκυών.
Gaonac'h, D., Golder, C., (2003): *Εγχειρίδιο Ψυχολογίας για την Εκπαίδευση*, τόμ. Β΄, Αθήνα, Πατάκη.
Gardner, Howard, (2006): *Πώς το παιδί αντιλαμβάνεται τον κόσμο, Μέθοδοι διδασκαλίας σε αρμονία με τους τρόπους σκέψης του παιδιού*, Αθήνα, Ατραπός
Gardner, Howard, (1983): *Frames of Mind, The theory of Multiple Intelligences*, 2nd Edition, Massachusetts, Fontana Press
Gazzaniga, Michael, (2009): *Άνθρωπος, Η επιστήμη πίσω από όσα μας κάνουν μοναδικούς*, Αθήνα, Κάτοπτρο
Gellatly, A., & Zarate, O., (2011): *Νους και Εγκέφαλος, Εικονογραφημένος Οδηγός*, Αθήνα, ΤΑ ΝΕΑ

Glasser, William, (1998): *The Quality School, Managing Students without Coersion*, NY, HarperPerennial
Goehlich., Michael, (2003): *Παιδοκεντρική Διάσταση στη Μάθηση*, Αθήνα, Τυπωθήτω
Goleman, Daniel, (1988): *Η συναισθηματική Νοημοσύνη*, Ζ' Έκδοση, Αθήνα, Ελληνικά Γράμματα
Gordon, Thomas, (2011): *Τα Μυστικά του Αποτελεσματικού Δασκάλου*, Αθήνα, ΕΡΕΥΝΗΤΕΣ
Harsiman, Mariale,(2003): *Connecting Brain Research with Effective Teaching, The Brain-Targeted Teaching Model*, N. York, Rowman & Littlefield Education
Healy, Jane, (1996): *Μυαλά που χάνονται, Γιατί τα παιδιά μας δεν Σκέφτονται*, Αθήνα, Λύχνος
Höger, Diether, (1978): *Einführung in die pädagogische Psychology*, Dritte Auflage, Stuttgart, Kohlhammer
Holt, John, (1995): *Πώς μαθαίνουν τα παιδιά*, Αθήνα, Καστανιώτη
Holton,David, & Mackridge, Peter, & Warburton, -Φιλιππάκη, Ειρήνη, (1998): *Γραμματική της Ελληνικής Γλώσσας*, Αθήνα, Πατάκη
Horney, Karen, (1975): *Ο Νευρωτικός άνθρωπος της εποχής μας*, Αθήνα, Επίκουρος
Hüther, Gerald, (2007): *Οδηγίες χρήσης ενός ανθρώπινου μυαλού*, Αθήνα, Πολύτροπον
Hunziker, Ε., & Mazzola,G., (1995): *Η Νευρωνική Ζούγκλα*, Αθήνα, Π. Τραυλός- Ε. Κωσταράκη
Jacquard, Albert, (1999): *Είμαι αρκετά έξυπνος;* Αθήνα, Κάτοπτρο

Jacobsen, D., Eggen, P., Kauchak, D., (2011): *Μέθοδοι Διδασκαλίας, Ενίσχυση της μάθησης των παιδιών από το Νηπιαγωγείο έως το Λύκειο*, Αθήνα, Διάδραση
Jensen, Eric, (2008) *Teaching with the brain in mind*, ASCD, Virginia, USA
Jensen, Eric, (2009): *Super Teaching*, 4th Edition, California, Corwin Press
Jensen, Eric,(2001): *Arts with the brain in mind*, ASCD, Virginia, USA
Joycer, B., Weil, M., Calhoun, E., (2009): *Διδακτική Μεθοδολογία, Διδακτικά Μοντέλα*, Αθήνα, Έλλην
Juster, Norton, (χ.χ.): *Τα διόδια της Φαντασίας*, Αθήνα, Τεκμήριο
Kandel, E., Schwartz, J., Jessell,T., (1997): *Νευροεπιστήμη και συμπεριφορά*, Ηράκλειο, Πανεπιστημιακές Εκδόσεις Κρήτης,
Knight, Randall, (2006): *Πέντε Εύκολα Μαθήματα, Στρατηγικές για την επιτυχή διδασκαλία της Φυσικής*, Αθήνα, Δίαυλος
Kosko, Bart, (1997): *Fuzzy Logic, Η Νέα Επιστήμη*, Αθήνα, Λέξημα
Lazothes, Guy, (1991): *Εγκέφαλος και Πνεύμα, πολυπλοκότητα και Πλαστικότητα*, Αθήνα, Γκοβόστη
Lefrançois, Guy, (2004): *Ψυχολογία της Διδασκαλίας*, Αθήνα, Έλλην
Lipman, Matthew, (2003): *Thinking in Education*, Cambridge University Press, Cambridge.
Luria, A., (1995): *Γνωστική Ανάπτυξη*, Β΄ Έκδοση, Αθήνα: Ελληνικά Γράμματα
Luria, A., (1998): *Η λειτουργία του Εγκεφάλου, Εισαγωγή στη Νευροψυχολογία*, Αθήνα: Καστανιώτη

Luria, A., (2002): *Ο άνθρωπος με το Θρυμματισμένο κόσμο, Η ιστορία ενός εγκεφαλικού τραύματος*, Αθήνα: Καστανιώτη

Maturana, Humberto, & Varela, Francisco, (1992): *Το Δέντρο της Γνώσης, Οι βιολογικές ρίζες της ανθρώπινης νόησης*, Αθήνα, Κάτοπτρο

Mercer, Neil, (2000): *Η Συγκρότηση της Γνώσης*, Αθήνα, Μεταίχμιο

Merényi, A., Szabó, V., Takács A., Επιμέλεια, (2010); *101 Ιδέες για πρωτοπόρους Εκπαιδευτικούς*, Microsoft Ουγγαρίας, Αθήνα, Καλειδοσκόπιο.

Meur, A., & Staes, L., (1990): *Ψυχοκινητική Αγωγή και Εκπαίδευση*, Αθήνα, Δίπτυχο

Minder, Michel, (2007): *Λειτουργική διδακτική*, Αθήνα, Πατάκη

National Research Counsil, (2000) *How People Learn (Brain, Mind, Experience and School*, National Academy Press, Washington

Noyé, Didier, & Piveteau, Jacques, (1999): *Πρακτικός Οδηγός του Εκπαιδευτή*, Αθήνα, Μεταίχμιο

Laniado, Nessia, (2007): *Πώς να κινητοποιήσετε την ευφυΐα των παιδιών σας*, Αθήνα, Lector

Oliverio, Alberto, (2009): *Η καταγωγή της έμπνευσης, Δημιουργικότητα και ευφυΐα στην εποχή της αποσπασματικής σκέψης*, Αθήνα, Lector

Pagels, Heinz, (1996): *Τα Όνειρα του Λόγου*, Ηράκλειο, Πανεπιστημιακές Εκδόσεις Κρήτης

Peck, Scott, (1988): *Ο Δρόμος ο λιγότερος ταξιδεμένος*, Αθήνα, Κέδρος

Penrose, Roger, (1999): *Το μεγάλο, το μικρό και η ανθρώπινη νόηση*, Αθήνα, Κάτοπτρο

Piaget, Jean, (1986): *Η Ψυχολογία της νοημοσύνης*, Αθήνα,, Καστανιώτη
Pinker, Steven, (2000): *Το Γλωσσικό Ένστικτο, Πώς ο νους δημιουργεί τη γλώσσα*, Αθήνα, Κάτοπτρο
Plotkin, Henry, (1996): *Η Φύση της Γνώσης: Προσαρμογές, ένστικτα και η εξέλιξη της νοημοσύνης*, Αθήνα, Κάτοπτρο
Posner, Michael & Rothbart, Mary (2007) *Educating the Human Brain*, American Psychological Association, Washington
Ramachandran, V., & Blakeslee, Sandra, (2000): *Φαντάσματα στον Εγκέφαλο, Ερευνώντας τα μυστήρια του νου*, Ηράκλειο, Πανεπιστημιακές Εκδόσεις Κρήτης
Reddey, Peter, *Προσοχή και Μαθησιακές Δεξιότητες*, περιοδικό Γνωστική Ψυχολογία, τέυχ. 7, 1999, Ελληνικά Γράμματα
Ritchie, R., & Dewar, A., (1992): *Εξηγώντας τον Εγκέφαλο*, Αθήνα, Τροχαλία
Shaffer, David, (2004): *Εξελικτική Ψυχολογία, παιδική ηλικία και εφηβεία*, Αθήνα, Ίων
Salkind, Neil, (1988): *Θεωρίες της ανθρώπινης ανάπτυξης*, Αθήνα, Πατάκη
Scheele, Paul, (2010): *Διαβάστε 10 φορές γρηγορότερα, Παγκόσμια μέθοδος φωτοανάγνωσης*, Αθήνα, Διόπτρα
Schober, Otto (Επιμέλεια) (2006):, *Η διδασκαλία του γλωσσικού μαθήματος στο δημοτικό σχολείο*, , Αθήνα, Τυπωθήτω
Siebert, Horst, (2006): *Didaktisches Handeln in der Erwachsenenbildung, Didaktik aus Konstruktivistischer Sicht*, Augsburg, ZIEL

Simonnet, Dominique, (2000): *Αχ, αυτά τα μωρά πόσα ξέρουν*, 4η Έκδοση, Αθήνα, Θυμάρι
Slavin, Robert, (2007): *Εκπαιδευτική Ψυχολογία, Θεωρία και Πράξη*, Αθήνα, Μεταίχμιο
Stein, Ard, (χ.χ): *Το νέο παιχνίδι της ορθογραφίας, Καταλαβαίνοντας και εξαλείφοντας τα λάθη.*
Sternberg, Robert, (2001): Psychology, In search of the human mind, Philadelphia, Harcourt College Publishers
Stillings, Neil, & Weisler,S., &Chase, Chr., Feinstein, M., &Garfield, jay, &Rissland, Ed., (2002): *Εισαγωγή στη Γνωσιοεπιστήμη*, Αθήνα, Μορφωτικό Ίδρυμα Εθνικής Τραπέζης
Stuer, Faye, (2005): *Η Ψυχολογική Ανάπτυξη των παιδιών*, Αθήνα, Έλλην
Steine, Clude, (2003): Emotional Literacy, USA, Personhood Press
Σουχομλίνσκι, Β., (1997): *Το Σχολείο της Χαράς*, Θεσσαλονίκη, Αφοί Κυριακίδη
The Open University, (1985): *Μάθηση και Εκπαίδευση*, τόμ. I & II, Αθήνα Κουτσουμπός
Tsimer, Karl, (2014): *Νέες επιστημονικές ανακαλύψεις για τον εγκέφαλο*, περιοδικό National Geographic, τεύχ. Φεβρουαρίου.
Vecchi, Gérard, (2003): *Διδάσκοντας μαζί, Μαθαίνοντας μαζί*, Αθήνα, Σαββάλας
Verykouki, Eleni, (2008): Stochastic Models of Memory, ΑΠΘ, Θεσσαλονίκη
Vitale, Barbara, (1994): *Οι Μονόκεροι Υπάρχουν, το δεξί ημισφαίριο του εγκεφάλου και η συμβολή τους στη μάθηση*, Β΄Έκδοση, Αθήνα, Θυμάρι

Whitmor, Diana, (1997): *Η χαρά της μάθησης*, Αθήνα, Ιάμβλιχος

Willis, Mariaemma& Hodson, Victoria, (2000): *Ανακαλύψτε το μαθησιακό στυλ του παιδιού σας*, Αθήνα, Ενάλιος

Wittgenstein, Ludwig, (1994): *Φιλοσοφική Γραμματική*, Αθήνα, Μορφωτικό Ίδρυμα Εθνικής Τραπέζης

Wolf, Maryanne, (2007: *Ο Προυστ και το καλαμάρι, Πώς ο εγκέφαλος έμαθε να διαβάζει.* Αθήνα, Πατάκη

Woodward, John, (2010): *Γίνε κι εσύ διάνοια, μπορείς!*, Αθήνα, Πατάκη

Woolfolk, Anita, (2007): *Εκπαιδευτική Ψυχολογία*, Αθήνα, Έλλην

Young, John, (1991): *Ο εγκέφαλος και οι Φιλόσοφοι, από τους νευρώνες στη συνείδηση: Ένα γοητευτικό ταξίδι στο σύμπαν των νευροεπιστημών*, Αθήνα, Κάτοπτρο

Η πράξη στην τάξη

Η διδασκαλία της ορθογραφίας με τη μέθοδο που περιγράφτηκε, έγινε τις ώρες διδασκαλίας του μαθήματος της γλώσσας. Το πρώτο-εισαγωγικό μάθημα απαιτούσε ένα δίωρο κάθε φορά ενώ τα κείμενα εμπέδωσης καταλάμβαναν το χρόνο της «παραδοσιακής» υπαγόρευσης και διόρθωσης της καθημερινής ορθογραφίας. Έτσι το μάθημα της γλώσσας από το σχολικό εγχειρίδιο δεν επηρεαζόταν καθόλου.

Τη συχνότητα εισαγωγής νέων γραμματικών φαινομένων, την ορίζαμε με βάση την επιτυχία των μαθητών στην κατάκτηση των προηγούμενων π.χ. για την κατάληξη –ι- των ουδετέρων αφιερώθηκε περίπου μία εβδομάδα. Για τα επόμενα φαινόμενα χρειάστηκε μεγαλύτερος χρόνος, δηλαδή περισσότερα κείμενα εμπέδωσης. Χρησιμοποιήσαμε πληθώρα κειμένων, όπως επίκαιρα ποιήματα, κάλαντα, τραγούδια κ.τ.λ. τα οποία δεν είναι δυνατόν να συμπεριληφθούν στο βιβλίο. Τα κείμενα που ακολουθούν είναι ενδεικτικά για κάθε ενότητα και κάθε εκπαιδευτικός μπορεί να επιμείνει, προσθέτοντας ή αφαιρώντας κείμενα, ανάλογα με τις ανάγκες των μαθητών του.

Εμείς διαλέξαμε κείμενα μικρά ποιηματάκια και πεζά, τα οποία κατά τη γνώμη μας ανταποκρίνονται στην ηλικία και στα ενδιαφέροντα των παιδιών. Πολλές φορές συνθέταμε κείμενα οι ίδιες, προκειμένου να υπηρετήσουμε τους στόχους της κάθε ενότητας.

Σε τακτά χρονικά διαστήματα υπαγορεύαμε μια μικρή ορθογραφία για αξιολόγηση και ανατροφοδότηση.

Οι καταλήξεις που διδάχτηκαν με αυτό τον τρόπο είναι οι ακόλουθες:

Το «ι» των ουδετέρων και οι εξαιρέσεις.

Το «η» των θηλυκών.

Το «οι» των αρσενικών στον πληθυντικό αριθμό.

Το «ω» και «ει» των ρημάτων.

Καταλήξεις ρημάτων: -ίζω, -αίνω, -ώνω και οι εξαιρέσεις του σχολικού βιβλίου.

Ενεργητική μετοχή –ώντας, -οντας.

Στο δεύτερο μέρος(ύλη Γ΄τάξης), αρχίσαμε με κείμενα επαναληπτικά της πρώτης ενότητας, και στη συνέχεια περάσαμε στη διδασκαλία των καταλήξεων των ρημάτων: «-με» και «-μαι».

Στη συνέχεια ασχοληθήκαμε με τη θεματική ορθογραφία εισάγοντας την έννοια της «οικογένειας λέξεων» και ακολουθώντας την ύλη του σχολικού βιβλίου.

Συγκεκριμένα μάθαμε τις οικογένειες των λέξεων: οικία, γειτονιά, κολυμπώ, παίζω-παιδί, χειμώνας, παγώνω, χιόνι, δώρο, κινώ-κίνηση, ημέρα, τηλε-, φως, ήλιος, φωνή, ζωή, τύχη, ζύμη.

Ακόμη διδάξαμε με αυτό τον τρόπο και την κατάληξη των ουδέτερων ουσιαστικών σε –ειο.

οι δασκάλες

Ελισάβετ Βασιλειάδου, Μαρία Οδατζίδου, Σοφία Πανίδου

Α' μέρος, ύλη Β' τάξης

Διδασκαλία της κατάληξης –ι των ουδετέρων

Μου 'λεγε η μάνα μου

Μες στην κούπα τη χρυσή πίνει το μωρό κρασί.
Το τάιζεν η μάνα του ψωμί με την κανέλα,
να μεγαλώσει γρήγορα να γίνει μια κοπέλα.
Το τάιζεν η μάνα του ψωμί με το μπαχάρι
να μεγαλώσει γρήγορα να γίνει παλικάρι.

Δημοτικό,
Ανθολόγιο για παιδιά του δημοτικού, Α΄ Μέρος

- Υπογραμμίζουμε με μολύβι τα ουσιαστικά.
- Κυκλώνουμε τα ουδέτερα ουσιαστικά με πράσινο χρώμα.
- Χρωματίζουμε κόκκινη την κατάληξη –ι.
- Βρίσκουμε λέξεις που τελειώνουν σε –ι (τις γράφουμε στον πίνακα και οι μαθητές στο τετράδιο).
- Διατυπώνουμε τον κανόνα (τον γράφουμε στον πίνακα και οι μαθητές στο τετράδιο).
- Γράφουμε μια ιστορία με όσες από τις λέξεις του κειμένου και του πίνακα, που τελειώνουν σε –ι, θέλει κάθε παιδί.

Συμπληρώνω τα κενά με -ι

Η Κατερίνα

Η Κατερίνα ζωγράφισε με το μολύβ__ της ένα παράξενο ανθρωπάκ__. Του έκανε ένα πόδ__, ένα χέρ__, ένα τετράγωνο κεφάλ__ κι ένα τρίγωνο αυτ__.

Μαρία Οδατζίδου

Διαφοροποίηση: το κείμενο προσφέρεται για εικονογράφηση.

Στο στάβλο ήρθε απόψε το φεγγάρι
Στον στάβλο ήρθε απόψε το φεγγάρ__.
Κοίταξε από το παράθυρό του,
είδε την αγελάδα, το μοσχάρ__
το βόδ__ που μασούσε το σανό του.

Πήγε στ' αμπέλ__, πήγε στο λιοστάσ__
άκουσε τα κουδούνια απ' το κοπάδ__
χωρίς κουβά κατέβει στο πηγάδ__
κι ήπιε νερό πολύ να ξεδιψάσει.

Ζαχαρίας Παπαντωνίου,
Ανθολόγιο «Τα χελιδόνια», Α' Μέρος

Το πιο μεγάλο

Από κάτω απ' το ραδίκ__
κάθονται δυο πιτσιρίκοι
και ρωτάν ο ένας τον άλλο
ποιο 'ναι απ' όλα πιο μεγάλο.

Τους ακούει ένα σκαθάρ__
και τους λέει «το κουκουνάρ__!»
τους ακούει ένα τριζόν__
και τους λέει «το πεπόν__!»
τους ακούει και ένα τσιμπούρ__
και τους λέει «το γαϊδούρ__!»

Γέλασαν οι πιστιρίκοι
γέλασε και το ραδίκ__
κι ένας με μεγάλο στόμα
βάτραχος γελάει ακόμα.

Βασίλης Ρώτας,
Ανθολόγιο για παιδιά του δημοτικού, Α΄ Μέρος

Το πουλάκι

Τικ, τικ, ένα μικρό πουλάκ__ χτύπησε το τζάμ__. Έξω έριχνε χιόν__ πολύ. Μέσα τα παιδιά κάθονταν γύρω στο τζάκ__. Κανένα δεν άκουσε το χτύπημα. Ύστερα από λίγο ξαναχτυπά το πουλάκ__. «Ανοίξτε παιδιά! Με πάγωσε το χιόν__». Τα παιδιά άνοιξαν το παράθυρο. Το πουλάκ__ μπήκε μέσα. Πετούσε και φώναζε:
-Τι καλά παιδιά! Τι καλό τζάκ__!

Ανθολόγιο για παιδιά δημοτικού, Α΄ Μέρος

Τα δελφίνια

Ήταν μια φορά ένα μικρό δελφίν__. Ζούσε με το κοπάδ__ στη θάλασσα και ήταν το καμάρ__ της μαμάς του. Το κορμ__ του ήταν σταχτόμαυρο κι η σβελτάδα του δεν είχε ταίρ__.

Α. Παπαλουκά,
Ανθολόγιο, Α΄ Μέρος

Διδασκαλία κατάληξης –η των θηλυκών

Η Έλλη και η Κική παίζουν στην αυλή του σχολείου. Λένε γλωσσοδέτες όσο πιο γρήγορα μπορούν. Άσπρη πέτρα ξέξασπρη... Κούπα καπακωτή, κούπα καπακωμένη... Η Ειρήνη γελά και τις κερνά καραμέλες, έχει σήμερα γιορτή. Ξαφνικά το κουδούνι χτυπά. Τα παιδιά όμως μένουν στην αυλή. Τρίτη ώρα έχουνε γυμναστική.

Σοφία Πανίδου

- Υπογραμμίζουμε με μολύβι όλα τα ονόματα (επίθετα και ουσιαστικά).
- Κυκλώνουμε με πράσινο χρώμα όλα τα θηλυκά ονόματα.
- Χρωματίζουμε κόκκινη την κατάληξη –η.
- Βρίσκουμε λέξεις που τελειώνουν σε –η (τις γράφουμε στον πίνακα και οι μαθητές στο τετράδιό τους).
- Διατυπώνουμε τον κανόνα (τον γράφουμε στον πίνακα και οι μαθητές στο τετράδιό τους).
- Γράφουμε μια ιστορία με όσες από τις λέξεις του κειμένου και του πίνακα, που τελειώνουν σε –η, θέλει κάθε παιδί.

Συμπληρώνω τα κενά με –η

Η αλεπού καλόγρια
Σαν δεν είχε τι να φάει,
μια αλεπού πονηρεμέν__
αποφάσισε να πάει
και καλόγρια να γένει.

Τρεις κοκόροι, που δεν έχουν
στο κεφάλι λίγ__ γνώσ__
την πιστεύουνε και τρέχουν
την ευχ__ της να τους δώσει.

Μπαίνουν μέσα στο κελί της,
τους ξομολογά εκείν__
και κουνά την κεφαλ__ της
και συγχώρεσ__ τους δίνει.

Και χωρίς να χάσει ώρα,
καθώς ήταν πεινασμέν__,
τους αρπάζει κι είναι τώρα
και οι τρεις συχωρεμένοι.

Και η αλεπού τους κλαίει,
Τους μοιρολογά και λέει:
-Έτσι την παθαίνουν όσοι
έχουνε κοκόρου γνώσ__!

Γεώργιος Δροσίνης,
Ανθολόγιο για παιδιά δημοτικού, Β' Μέρος

*μελοποιημένο

Συμπληρώνω τα κενά με: ι, η

Η Νεφέλ__

Η Νεφέλ__ μπήκε χαρούμεν__ στην αυλ__ του σχολείου. Ήταν γεμάτ__ παιδιά. Όλα ήταν χαρούμενα, γιατί άνοιξε πάλι το σχολείο. Η Νεφέλ__ συνάντησε τη φίλ__ της την Ελέν__.
-Γεια σου Ελέν__! Τι κάνεις; Πώς πέρασες το καλοκαίρ__;
-Ωραία! Πήγαμε εκδρομ__ στη θάλασσα. Παιχνίδ__ που κάναμε με τα αδέλφια μου!

Ελισσάβετ Βασιλειάδου

Ψιλή βροχούλα

Ψιλ__ βροχούλα, κλωστ__ ασημένια,
κεντά σε στέγ__ τενεκεδένια
μια μουσικ__.

Σταλιά σταλίτσα του φθινοπώρου,
ήρθες να δώσεις ψυχ__ στο σπόρο
που θα σε πιει.

Βροχ__ βροχούλα, λιμνούλα ρυάκ__
ήρθες να γίνεις το παιχνιδάκ__
για το παπ__.

Κ. Καλαπανίδας,
Ανθολόγιο «Τα χελιδόνια», Α΄ Μέρος

Ντούκου-ντούκου μηχανάκι
Σκίζει η πλώρ__ τα νερά
κι αντηχάνε τα βουνά
Ντούκου ντούκου μηχανάκ__
ντούκου το παλιό μεράκ__.

Τρίτ__ Πέμπτ__ και Σαββάτο
μες στης θάλασσας τον πάτο
Ποιος θα ρίξει, ποιος θα πάρει
τ' ασημένιο το φεγγάρ__.

Και Δευτέρα και Τετάρτ__
ποιος θ' ανέβει στο κατάρτ__
Κι άχου την Παρασκευ__
ποιος θα κάτσει στο κουπ__.

Οδυσσέας Ελύτης,
Η γλώσσα μου, Α΄ Μέρος

Γύρω γύρω όλοι
Γύρω γύρω όλοι!
Άνθη στο περβόλ__.
Άνθισεν η κερασιά,
ρόδισε η ροδακινιά,
παντού χλό__ και γρασίδ__,
ώρα για παιχνίδ__!

Γύρω γύρω όλοι!
Ζέστ__ στο περβόλ__,
Σύκα γέμισε η συκιά,
κόκκιν__ η κληματαριά,
κι ένα τόσο δα πουλ__
«έλα έξω» με καλεί.

Γύρω γύρω όλοι!
Μαραμένο το περβόλ__.
Φύλλα σκέπασαν τη γη
η βροχ__ πια δεν αργεί
του σχολειού η καλ__ ποδιά
αγκαλιάζει τα παιδιά.

Γύρω γύρω όλοι!
Η ζω__ περβόλ__.
Άνθη, χιόνια και βροχ__
Κάθε χρόνο απ' την αρχ__.
Και το ξέρουμε όλοι:
Μια δουλειά, μια σκόλ__.

Ρένα Καρθαίου,
Ανθολόγιο για παιδιά του δημοτικού, Α΄ Μέρος

Ο Λάμπης και Φωτειν__

Ο Λάμπης και η Φωτειν__ βγήκαν έξω από το σπίτ__ τους, που ήταν στην άκρ__ του χωριού. Από κοντά και το σταχτί σκυλ__ τους, η Σπίθα. Από κει φαινόταν το σπίτ__ τους με τη μεγάλ__ μουριά δίπλα του. Εκείν__ την ώρα περνούσε από πάνω του ένα μεγάλο σύννεφο. Ένας αστείος κλόουν από μπαμπάκ__που έκανε τούμπες στον ουρανό.

Η γλώσσα μου Β΄ δημοτικού, Α΄ Μέρος

«Κούκου»

«Κούκου!» άκουσε η Μαίρ__ μια φων__ πίσω από το καλύβ__ του παππού της. Το σκυλάκ__ της άρχισε να γαβγίζει. Στη σκεπ__ ενός σπιτιού καθόταν ένα καφετ__ πουλάκ__. Πήγε στην αυλ__ του σπιτιού και τι να δει! Μια πανέμορφ__ μικρ__ κουκουβάγια.

Μαρία Οδατζίδου

Η αυλ__ μας

Στην μικρ__ μας την αυλ__
τραγουδά ένα πουλ__.
Η Ελέν__ την Τετάρτ__
του πετάει ένα ψωμ__.
Το σκυλ__ και το γατ__
θέλουνε κι αυτά φα__.
Η Ελέν__ η καλ__
τα ταΐζει στη στιγμ__.

Σοφία Πανίδου

Διδασκαλία κατάληξης –οι, πληθυντικού αρσενικών

Στο ζωολογικό κήπο

Τα παιδιά βρίσκονται στο ζωολογικό κήπο. Είδαν όλα τα ζώα. Κάποια στιγμή άκουσαν ένα περίεργο τραγούδι. Μα ποιοι τραγουδούν; Οι λύκοι; Οι λαγοί; Οι ιπποπόταμοι; Οι πελεκάνοι; Οι ρινόκεροι; Όχι. Τραγουδούν οι πράσινοι βάτραχοι.

Γλώσσα Α΄ Δημοτικού, Β΄ Μέρος

- Υπογραμμίζουμε με μολύβι όλα τα ονόματα (ουσιαστικά και επίθετα).
- Κυκλώνουμε τα αρσενικά ονόματα που βρίσκονται στον πληθυντικό με πράσινο χρώμα.
- Χρωματίζουμε με κόκκινο χρώμα την κατάληξη -οι.
- Βρίσκουμε κι άλλες λέξεις που τελειώνουν σε –οι.
- Ανακαλύπτουμε και διατυπώνουμε τον κανόνα, τον γράφουμε στον πίνακα και στο τετράδιο.
- Γράφουμε μια ιστορία με όσες από τις λέξεις του κειμένου και του πίνακα, που τελειώνουν σε –οι, θέλει κάθε παιδί.

Συμπληρώνω τα κενά με: -οι

Όλοι οι βάτραχοι
Όλ__ οι βάτραχ__ γλεντούν,
τραγουδάνε και γελούν,
και οι σκίουρ__ χορεύουν,
ξεκαρδίζονται και τρέχουν.

Οι ασβ__ και οι χελώνες
γύρα κάνουν στις κολόνες,
και οι γκρίζ__ ποντικ__
ροκανίζουν το τυρί.

Ταξίδι στον κόσμο της γλώσσας, Β΄Δημοτικού

Συμπληρώνω τα κενά με : ι, η, οι

Στρούλι - μπουρό
Δύο μεγάλ__ ποντικ__
στρούλι μπουρό στρούλι μπουρί
Βγήκαν έξω για σεργιάν__
στην αυλ__ του μπαρμπα-Γιάννη.

Τρέχα από δω τρέχα από κει
στρούλι μπουρό στρούλι μπουρί.
Αχ! Και στον ασβέστη πάνε,
για γιαούρτ__ τον περνάνε!

Πω πω γιαούρτ__ ! Πω πω τυρ__!
Στρούλι μπουρό στρούλι μπουρί.
Πάει καήκαν, τσουρουφλιστήκαν
κι από κει μέσα δεν ξαναβγήκαν!!!

Λαϊκό,
«Παπαρούνα κόκκινη», Ζωή Βαλάση,
μελοποιημένο

Η Λιλή
Η Λιλ__ με το μολυβάκ__ της ζωγράφισε κι ένα εξωγήινο ανθρωπάκ__. Του έκανε ένα τρίγωνο κεφάλ__, ένα πόδ__ με πλατιά βάσ__ και μια λεπτ__ μέσ__. Δυο σταυρ__ έδειχναν τις καρδιές του και πέντε κύκλ__ τα μάτια του.

Η γλώσσα μου, Β΄ δημοτικού, Γ΄ Μέρος
Διαφοροποίηση: Προσφέρεται για εικονογράφηση.

Βόλτα στο πάρκο

Ένα μικρό κορίτσ__ πήγε βόλτα στο πάρκο με την αδελφ__ της την Ελέν__.
-Πω πω τι πολλ__ κύκν__ μέσα στη λίμν__! Τι χοντρ__ βάτραχ__! Τι πράσινο γρασίδ__! Φώναζε. Στη δική μας την αυλ__ δεν έχουμε τόσα ζώα, είπε στην αδελφ__ της. Μόνο ένα καναρίν__ έχουμε μέσα στο κλουβ__!

Σοφία Πανίδου

Η Κική και η Δανάη

Η Κικ__ και η αδελφ__ της η Δανά__ πήγαν την Κυριακ__ μια βόλτα στην καταγάλαν__ θάλασσα. Είδαν ένα καράβ__ με παν__ να πλέει βαθιά και να χάνεται στην ομίχλ__. Οι κάταστρ__ γλάρ__ πετούσαν σαν αστραπ__ κι έψαχναν για λίγο ψωμ__ στο λιμάν__. Πολλ__ άνθρωπ__ τους τάιζαν. Η Κικ__ πήρε την αδελφ__ της από το χέρ__ και γύρισαν στο σπίτ__ από το μονοπάτ__.

Μαρία Οδατζίδου

Ο βροχερός καιρός

Ο καιρός σήμερα είναι βροχερός. Μαύρα σύννεφα σκέπασαν τον ουρανό. Μετά από λίγο αρχίζ__ η βροχ__. Τα πουλιά τρέχουν φοβισμένα να κρυφτούν στις φωλιές τους, μόλις άκουσαν τη βροντ__ και την αστραπ__. Οι δρόμ__ έχουν ερημώσει. Οι άνθρωπ__ τρέχουν στα σπίτια τους βιαστικ__ και μουσκεμέν__. Κοιτάζω τη βροχ__ από το τζάμ__. Το νερό στην αυλ__ σχηματίζει μικρό ποταμάκ__. Σκέφτομαι το παιχνίδ__ που χάσαμε.

Μαρία Οδατζίδου

Τα κορίτσια

Η Κικ__, η φίλ__ της η Δανά__ και η αδελφ__ της η Μαριάνθ__ πήγαν την Τρίτ__ το πρω__ μια εκδρομ__ στο βουνό. Πήραν μαζί τους το σκυλάκ__ τους και το γατάκ__ τους. Εκεί είδαν πολλά ζώα. Οι αετ__ και οι πελεργ__ πετούσαν ψηλά. Δυο σκίουρ__ ήταν πάνω σ' ένα δεντράκ__ κι έτρωγαν βελανίδια. Ένα φίδ__ έτρωγε ένα ποντίκ__. Στην κορυφ__ του βουνού ήταν ένα εκκλησάκ__. Άναψαν ένα κεράκ__ κι έφυγαν.

Μαρία Οδατζίδου

Οι πύργοι

Μια φορά κι έναν καιρό, σε μια μεγάλ__ πόλ__ ήταν δυο ψηλ__ πύργ__. Εκεί σχεδόν κάθε μήνα γινόταν χορ__ όπου πήγαιναν πολλ__ άνθρωπ__ και διασκέδαζαν. Μια μέρα πήγαν η Χιονάτ__ και οι επτά νάν__. Το κορίτσ__ φορούσε ένα μπλε φουστάν__ με μια κατακόκκιν__ κορδέλα. Ένας νάνος κρατούσε στο χέρ__ του ένα κλουβ__ που ήταν μέσα δυο πολύχρωμ__ παπαγάλ__. Διασκέδασαν έφαγαν, ήπιαν μέχρι αργά το βράδυ και γύρισαν χαρούμεν__ στο σπίτι τους.

Μαρία Οδατζίδου

Διδασκαλία ρηματικής κατάληξης –ει

Μαλλιαρός
Έχουμε ένα σκύλο μαύρο μαλλιαρό
κι αγαπάει να μπαίνει στο νερό.
Τι φωνές, τι πήδους κάνει σα με δει
πως στο χέρι παίρνω το ραβδί.

Το πετάω; Τεντώνει μια στιγμή τα αυτιά
και σα σπίθα ρίχνει μια ματιά.
Και με κρότο πέφτει παφ! μες στο νερό,
κι αψηλά τινάζει τον αφρό.

Μες στα δυο πως λάμπει μάτια του η χαρά
σα γυρνάει κουνώντας την ουρά.
Το ραβδί πώς δίνει με την κεφαλή,
για να τον χαϊδέψω, χαμηλή.

Κι όταν ναν τ' αρπάξει προσπαθεί,
πώς και με λασπώνει να χαθεί.

Αλέξανδρος Πάλλης,
Ανθολόγιο για τα παιδιά του δημοτικού, Α' Μέρος

- Υπογραμμίζουμε με το μολύβι τα ρήματα.
- Κυκλώνουμε με πράσινο χρώμα τα ρήματα που τελειώνουν σε –ει.
- Χρωματίζουμε με κόκκινο χρώμα την κατάληξη –ει.
- Βρίσκουμε λέξεις που τελειώνουν σε –ει. Τις γράφουμε στον πίνακα και στο τετράδιο.
- Διατυπώνουμε τον κανόνα.
- Γράφουμε μια ιστορία με όσες από τις λέξεις του κειμένου και του πίνακα, που τελειώνουν σε –ει, θέλει κάθε παιδί.

Συμπληρώνω κενά με: -ει

Αστρονόμος και ξυλοκόπος

Ο αστρονόμος κοιτάζ__ από το παράθυρο τον ουρανό. Κολλά__ το μάτι του στο τηλεσκόπιο. Κοιτάζ__ με προσοχή τον ουρανό. Ξαφνικά τρίβ__ τα χέρια του από χαρά. «Να ο πολικός! Το τελευταίο αστέρι στην ουρά της μικρής αρκούδας. Το πιο λαμπερό. Να το! Τι καταπληκτική βραδιά!» φωνάζ__ και ξανατρίβ__ τα χέρια από χαρά. Απόψε! Απόψε πρέπ__ να μελετήσ__ τ' άστρα. Απόψε πρέπ__ να παρακολουθήσ__ σωστά την κίνηση στον ουρανό. Να μετρήσ__ και να ξαναμετρήσ__ τις αποστάσεις. Να σημειώσ__ τα σχήματα των αστερισμών. Απόψε. Βιαστικά. Απότομα. Μπαμ! Κλείν__ το παράθυρο. Γρήγορα. Να βγ__ έξω. Να προφτάσ__. Πριν βγ__ το φεγγάρι. Πριν ξημερώσ__. Πριν αρχίσ__ να φαίνεται η αυγή. Βιαστικά. Ούτε βλέπ__, ούτε προσέχ__, ούτε ακού__ τίποτε άλλο. Παίρν__ τα σύνεργά του. Φορτώνεται τα όργανα. Την πυξίδα, τους διαβήτες, τους χάρακες, τους φακούς, τους χάρτες του. Και παίρν__ δρόμο για το βουνό. Απόψε!

Ελένη Βαλαβάνη,
Μύθοι του Αισώπου

Συμπληρώνω τα κενά με: ι, η, ει

Πουλάκ__ του χειμώνα
Μες στο κρύο, έξω απ' το σπίτ__
ξένο πέταξε σπουργίτ__.
Φύλλο, σπόρος πουθενά,
πώς κρυών__ και πεινά
Το παράθυρο θ' ανοίξω,
δυο σπυράκια να του ρίξω.

-Έλα μέσα δω πουλ__
ζεστασιά θα βρεις καλ__.
Δεν ακού__ μόνο τσιμπά__
δυο σπυράκια και πετά__.
Ταξιδιάρικο πουλ__
πέταξε ώρα σου καλ__.

Μιχάλης Στασινόπουλος

Συμπληρώνω τα κενά με: ι, η, ει, οι

Ξύπνημα
Έλα ροδαυγ__
ξύπνα το παιδ__,
ξύπνα το μωρό
να μου το χαρώ,
ξύπνα το λουλούδ__
το ξεπεταρούδ__
που μοσχοβολά__
και χοροπηδά__
και γελά__ και κλαί__
και λογάκια λέ__
και θα βγ__ στην πόλ__
να το χαίρονται όλ__!

Βασίλης Ρώτας,
Ανθολόγιο για παιδιά του δημοτικού, Α΄ Μέρος

Κυριακή
Ο ήλιος ψηλότερα θ' ανέβ__
σήμερα που 'ναι Κυριακ__
φυσά__ το αγέρ__ και σαλεύ__
μια θημωνιά στο λόφο εκεί.

Τα γιορτινά θα βάλουν κι όλ__
θα 'χουν ανάλαφρ__ καρδιά.
κοίτα στο δρόμο τα παιδιά,
κοίταξε τ' άνθη στο περβόλ__.

Τώρα οι καμπάνες που κτυπάνε
είναι Θεός αληθινός
πέρα τα σύννεφα σκορπάνε
και μεγαλών__ ο ουρανός.

Κώστας Καρυωτάκης,
Ανθολόγιο λογοτεχνικών κειμένων για το νηπιαγωγείο

Τραγουδάκ__ προσευχ__
Πάνω σε ξερό κλαδ__
το πουλάκ__ κελαηδ__
πες και συ καλό παιδάκ__
το δικό σου τραγουδάκ__
η φων__ σας να περάσ__
κάμπους θάλασσες και δάση,
τον Απρίλη να ξυπνήσ__
άλλο πια να μην αργήσ__.
Τον προσμέν__ η Πασχαλιά
με λαμπάδες και κεριά
Τον προσμένουν νέ__ και γέρ__
χελιδόνια να τους φέρ__.
Κι όλ__ η γ__ μας λέ__ γιατί
τόσο η άνοιξ__ αργ__!
Πες παιδ__ μου πες πουλ__
τραγουδάκ__ προσευχ__!

Ρένα Καρθαίου,
Ανθολόγιο λογοτεχνικών κειμένων για το νηπιαγωγείο

Κικιρίκου! Κικιρί!

Κόκορας χρυσός ο ήλιος
στης αυγής το φράχτη βγαίν__
Κικιρίκου, όλ__ ξυπνήστε,
κι είναι η ώρα περασμέν__

Φως ανοίγ__ τις φτερούγες,
Το κεφάλ__ φως σηκών__
Φως στον ήλιο, φως στο δρόμο,
Φως στον κόσμο ως τώρα απλών__

Κικιρίκου! Κι ανεβαίν__,
Πά__ ψηλά κλαρ__ κλαρ__.
Φτάν__ στ' ουρανού το θόλο
Κικιρίκου! Κικιρί!

Σήκω,Τάσο, σήκω Ρίνα,
Κώστα, Ελέν__, Γιάνν__, Λία!
Οι μικρ__ να παν σχολείο
κι οι μεγάλ__ στη δουλειά!

Ρένα Καρθαίου,
Ανθολόγιο λογοτεχνικών κειμένων για το νηπιαγωγείο

Το σκυλ__

Κάθε νύχτα στην αυλ__,
γάβου, γάβου το σκυλ__,
δώστου και γαβγίζ__.
Του σπιτιού εδώ αυτός
είναι φύλακας πιστός
ποιος δεν το γνωρίζ__;
Αψηλά τ' αφεντικά
κοιμηθήκανε γλυκά,
πέρασε η ώρα.
Το γνωρίζ__ το σκυλ__
και φωνάζ__ απ' την αυλ__
γάβου, γάβου τώρα.
Για να ξέρουν οι κακ__

που γυρνούν εδώ κι εκεί
κάτι να σουφρώσουν,
πως σαν έμπουν στην αυλ__
θα τους πιάσ__ το σκυλ__
και δε θα γλιτώσουν.

Αναγνωστικό Β' δημοτικού, «Κρινολούλουδα»

Τι έξυπν__ άνθρωπ__
Ο κύριος Σαρδέλης
ψαράς απ' το Πλωμάρ__
έτρωγε τα λέπια
πέταγε το ψάρ__.

Ο θείος μου Παντελής
που έμεινε στο Γουδ__
έτρωγε το ποτήρ__
πέταγε το κρασ__.

Μια απ' τις ξαδέλφες μου
που έμενε στην Άρτα
έτρωγε μόνο το χαρτ__
κι όχι τη σοκολάτα.

Κι ένας άλλος κύριος
απ' το Βαρθολομιό
έτρωγε τα τσόφλια
πέταγε τ' αυγό.

Πολλ__ απ' τους ανθρώπους,
δεν ξέρ__ το γιατί,
τρώνε μόνο τη φλούδα
πετάνε τη ζω__.

Τζιάννι Ροντάρι,
Ανθολόγιο λογοτεχνικών κειμένων για το νηπιαγωγείο

Συμπληρώνω τα κενά με: ει, η

Το έλατο

Ω έλατο, ω έλατο μ' αρέσ__ς πως μ' αρέσ__ς!
Τι ωραία την Πρωτοχρονιά
μας φέρν__ς δώρα στα κλαδιά
ω έλατο, ω έλατο μ' αρέσ__ς πως μ' αρέσ__ς!
Ω έλατο, ω έλατο, τι δίδαγμα η στολ__ σου!
Ελπίδα εμπνέ__ σταθερ__
και θάρρος πάντα στη ζω__
Ω έλατο, ω έλατο τα πράσινά σου φύλλα!
Τα βγάζ__ς με καλοκαιριά
και τα φορ__ς με το χιονιά
ω έλατο, ω έλατο, τα πράσινά σου φύλλα!

Γερμανικό παραδοσιακό τραγούδι Χριστουγέννων

Συμπληρώνω τα κενά με: ι, η, οι, ει

Τρεις κοτούλες

Τρεις κοτούλες στην αυλ__!
Πρώτ__ πά__ η παρδαλ__
είν' η μαύρ__ η μεσιαν__
κι η άσπρ__ πίσω ακολουθ__.
Περπατούν καμαρωτές
κι όλ__ λεν: «Ποιες είν' αυτές!»
Βγαίν__ η πρώτ__ απ' τη φωλιά
με τα δέκα της πουλιά.
Έχ__ η μαύρ__ κάν__ αυγό
και η άσπρ__ λέ__: «Θα ιδείτε εγώ!».
Σπουργιτάκ__ από ψηλά
τις κοιτάζ__ και γελά

Χάρης Σακελλαρίου,
Ανθολόγιο για παιδιά του δημοτικού, Α΄ Μέρος

Το τραγούδ__ της φαντασίας

Να 'χαμε τον ήλιο τόπ__
και τη θάλασσα σιρόπ__
παγωτό γλυκό το χιόν__
που δε λιών__, δεν τελειών__.

Να 'ναι η λάσπ__ σοκολάτα,
τα νησιά μπισκότα αφράτα
και μες στου ουρανού το πιάτο
το φεγγάρ__ μαντολάτο!

Πετά__ η φαντασία μας, πετά__
σ' απίθανα μας παίρν__ ταξιδάκ__
στην ξενοιασιά και στ' όνειρο μας πά__
σαν άσπρο συννεφένιο καραβάκ__.

Να 'ταν τα βουνά παστέλ__
τα ποτάμια από μέλ__
οι λιμνούλες μαρμελάδα
κι η βροχ__ πορτοκαλάδα.

Να 'ταν οι αγρ__ γεμάτ__
πασταφλόρα μυρωδάτ__
να 'ταν και τα βοτσαλάκια
τραγανά καραμελάκια.

Πετά__ η φαντασία μας, πετά__
σ' απίθανο μας πά__ ταξιδάκ__,
στην ξενοιασιά και στ' όνειρο μας πά__
σαν άσπρο συννεφένιο καραβάκ__.

Βεατρίκη Κάντζολα-Σαμπατάκου,
Ανθολόγιο λογοτεχνικών κειμένων για το νηπιαγωγείο

Ο θαλασσοπόρος

Έχω ένα καράβ__ τόσο με πανιά,
θάλασσες αφήν__, θάλασσες περνά.
Άφωνος στον κίνδυνο και θαλασσομάχος,
ταξιδεύω σχίζοντας πέλαγα μονάχος.
Στου περιβολιού μας τη δεξαμεν__
τα νερά τους σμίγουν πέντε ωκεαν__.
Γύρω περιμένουν στις ακτές οι κάβ__,
δίπλα τους ν' αράξ__ τ' άσπρο μου καράβ__.
Στην Ινδία, στο Βόλγα, στο Μισσισσιπή
τρέχ__ το καράβ__ μου πά__ σαν αστραπ__.
Το φεγγάρ__ μέσα απ' το πυκνό πλατάν__
στα ταξίδια του όλα συντροφιά μου κάν__.
Προς τα πολυτρίχια, λίγο παρακεί
το τιμόν__ αν στρίψω να κι η Αφρικ__.
Πίσω απ' του κισσού μας τη χλωρ__ κουρτίνα,
έγια μόλα βάζω πλώρ__ για την Κίνα.
Το Σουέζ, την Πόλ__ και τον Παναμά,
ως να με φωνάξ__ για φα__ η μαμά.

Ρίτα Μπούμη-Παπά,
Ανθολόγιο για παιδιά δημοτικού, Β΄ Μέρος

Διδασκαλία εξαιρέσεων, ουδέτερα σε –υ

Για την διδασκαλία του κανόνα του «ι» των ουδετέρων και των εξαιρέσεων, η δασκάλα της τάξης σκαρφίστηκε την εξής ιστορία.

Η κυρία Γραμματική που λέτε, έκανε βαφτίσια στις λέξεις! Φώναξε λοιπόν τα ουδέτερα και τους είπε: «Εσείς θα φοράτε από δω και μπρος το <ι> στο τέλος, όλα το ίδιο για να σας ξεχωρίζουν!» Χάρηκαν τα ουδέτερα και φόρεσαν το καινούριο τους, ξεχωριστό γράμμα! Όμως μερικά ουδέτερα δεν πήγαν στην ώρα τους στα βαφτίσια. Το βράδυ κοιμόταν, το δίχτυ ψάρευε, το δάκρυ κυλούσε αργά στο μάγουλο ενός παιδιού, το δόρυ πολεμούσε, το στάχυ ήταν μακριά στο χωράφι και το οξύ έκανε πειράματα στο εργαστήριο ενός επιστήμονα! Έφτασαν πολύ αργά στην κυρά Γραμματική όταν όλα τα <ι> είχαν τελειώσει. «Τι να σας δώσω τώρα;» είπε. Έψαξε μέσα στο σακούλι με τα <ι> για να βρει κάτι να τους δώσει μα τα μπαστουνάκια που είχαν περισσέψει ήταν σπασμένα. «Θα σας δώσω λοιπόν μόνο το κάτω μέρος», τους είπε, «κι άλλη φορά να μην αργείτε!!!» Έτσι, οι λέξεις που δεν πρόλαβαν τα βαφτίσια των ουδετέρων γράφονται με <υ>.

Τα παιδιά ζητούσαν να ξανακούσουν την ιστορία και την έφερναν στην μνήμη τους κάθε φορά που αναρωτιούνταν ποιο <ι> έπρεπε να συμπληρώσουν. «Πήγε στα βαφτίσια το ψάρι; Το βράδυ;»

Σοφία Πανίδου

Η δασκάλα του άλλου τμήματος σκέφτηκε και διηγήθηκε μια διαφορετική ιστορία.

Μια φορά κι έναν καιρό, η κυρα-Γραμματική κάλεσε όλα τα ουδέτερα που τελειώνουν σε –ι σε συνεδρίαση. Έπρεπε να πάρουν την τελική τους απόφαση, να γράφονται δηλαδή όλα πάντα με γιώτα.

Ξαφνικά, εμφανίστηκε το δάκρυ, το οποίο διαμαρτυρήθηκε έντονα και είπε πως θέλει να ξεχωρίζει. Εξήγησε πως είναι αυτό που όταν οι άνθρωποι νιώθουν έντονα συναισθήματα, λύπη ή χαρά, τους κάνει πάντα να δακρύζουν και να κλαίνε.

Αμέσως μετά παρουσιάστηκε σκυθρωπό το βράδυ και είπε πως θέλει κι αυτό να ξεχωρίζει, γιατί χωρίς αυτό δε θα είχαν οι άνθρωποι την ευκαιρία να δουν και ν' απολαύσουν το φεγγάρι και τ' αστέρια. Δε θα μπορούσαν να κοιμηθούν για να ξεκουραστούν.

Ήρθε και το δίχτυ σοβαρό και καμαρωτό. «Αν δεν ήμουν κι εγώ, πώς οι ψαράδες θα έπιαναν πολλά ψάρια για να τα πουλήσουν στην αγορά και να θρέψουν την οικογένειά τους; Θέλω λοιπόν κι εγώ να ξεχωρίζω».

Πήρε θάρρος τότε το στάχυ και είπε πως έχει κι αυτό σοβαρό λόγο για να ξεχωρίζει. «Αν δεν ήμουν εγώ, δε θα μπορούσαν οι άνθρωποι να κάνουν το νόστιμο κι ευλογημένο ψωμάκι για να φάνε». Ήρθε τότε υπερήφανο κι αποφασιστικό το δόρυ. «Αν δεν ήμουν κι εγώ, πώς οι πολεμιστές θα νικούσαν τον εχθρό σε μάχες και εκστρατείες; Έχω λοιπόν κι εγώ σοβαρό λόγο για να ξεχωρίζω».

Τέλος, ήρθε το οξύ με βήμα αργό και σταθερό και δήλωσε το πόσο επικίνδυνο είναι. Πρέπει να με προσέχουν όλοι», είπε, « γιατί προκαλώ σοβαρά εγκαύματα σ' όποιον μ' ακουμπήσει, ακόμη και το θάνατο».

Η κυρα-Γραμματική και όλα τα ουδέτερα άκουσαν με μεγάλη προσοχή τα όσα είχαν να πουν οι έξι λέξεις και συμφώνησαν πως έπρεπε να ξεχωρίζουν. «Πώς όμως θα ξεχωρίζετε; Πρέπει να βρούμε ένα -ι- που να μην το έχω δώσει αλλού», είπε η Γραμματική. «Κάτι που να θυμίζει όλους σας.

Το βρήκα! Κάτι από το σχήμα του φεγγαριού, από την καμπύλη που έχει το δάκρυ, από το βρόγχο του διχτυού, από το σπόρο του σταχυού, το σχήμα του δόρατος και από τον κίνδυνο που έχει το οξύ!»

Τότε τους έδωσε το -υ- για να ξεχωρίζουν. Από τότε οι έξι λέξεις, δάκρυ, βράδυ, στάχυ, δίχτυ, δόρυ και οξύ δεν ακολουθούν τον κανόνα και γράφονται πάντα με ύψιλον(-υ).

Μαρία Οδατζίδου

Δεν ακολουθούν τον κανόνα

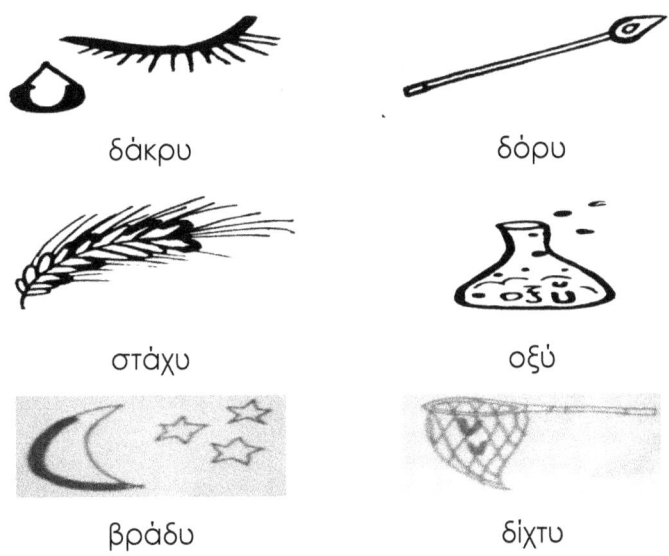

δάκρυ   δόρυ

στάχυ   οξύ

βράδυ   δίχτυ

Συμπληρώνω τα κενά με: -υ

Κάθε βράδ__ το φεγγάρι κάνει βόλτα στο σκοτάδι. Ο ψαράς μπαλώνει το δίχτ__ του, γιατί ένα μεγάλο ψάρι το έσκισε. Η ψιλή βροχή μεγαλώνει το στάχ__ στο χωράφι. Ήταν τόσο λυπημένος, από τα μάτια του κύλησε ένα δάκρ__. Το μπουκάλι αυτό περιέχει οξ__ και είναι επικίνδυνο να το αγγίζεις. Ο πολεμιστής κρατάει ψηλά το δόρ__ και ετοιμάζεται για τη μάχη.

Σοφία Πανίδου

Συμπληρώνω τα κενά με: ι, υ, οι, ει, η

Η γιορτή

Χτες το βράδ__ έγινε μια μεγάλ__ γιορτ__ στην πλατεία του χωριού. Ήταν όλ__ εκεί. Πήγαν και η Ισμήν__ με τον Κοσμά. Χόρεψαν και γλέντησαν. Ξαφνικά στην προκυμαία φάνηκε μια βάρκα. Ο ψαράς είχε πιάσ__ στο δίχτ__ του ένα ψάρ__. Πόσο μεγάλο ήταν!

Ελισσάβετ Βασιλειάδου

Συμπληρώνω τα κενά με: ι, υ, ει

Ο ψαράς

Βγαίν__ η βαρκούλα του ψαρά
από το περιγιάλ__
κι απλών__ ο ναύτης με χαρά
τα δίχτυα του και πάλι.

Το φεγγαράκ__ το γιαλό
το κάν__ σαν καθρέφτη
και κάθε ψάρ__ παχουλό
μέσα στα δίχτυα πέφτ__.

Τράβα το δίχτ__ σου, ψαρά
κι αγάλια να μη σπάσ__
θαρρώ πως τούτη τη φορά
χιλιάδες έχ__ς πιάσ__.

Πολύ κουράστηκες, ψαρά
τα ψάρια είναι δικά σου
και πούλα τα στην αγορά
να θρέψ__ς τα παιδιά σου.

Ιωάννης Πολέμης,
Αναγνωστικό Β΄ δημοτικού

*μελοποιημένο

Συμπληρώνω τα κενά με: υ, η, ει, οι

Η ελιά

Όπου κι αν λάχω κατοικία,
δε μου απολείπουν οι καρπ__,
ως τα βαθειά μου γηρατεία
δε βρίσκω στη δουλειά ντροπ__.
Μ' έχ__ ο Θεός ευλογημέν__
κι είμαι γεμάτ__ προκοπ__.
Είμαι η ελιά η τιμημέν__.

Εδώ στον ίσκιο μου από κάτου
ήρθ' ο Χριστός ν'αναπαυθ__
κι ακούστηκε η γλυκιά λαλιά Του
λίγο πρωτού να σταυρωθ__.
Το δάκρ__ Του, δροσιά αγιασμέν__
έχ__ στη ρίζα μου χυθ__.
είμαι η ελιά η τιμημέν__.

Κωστής Παλαμάς,
Αναγνωστικό Β΄ δημοτικού

Συμπληρώνω τα κενά με: ι, η, ει

Ο υπολογιστής μου
Στο κομπιούτερ τικι–τικι
γυροφέρν__ το ποντίκ__
πά__ με το δικό μου χέρ__
ψάχνω να βρω πόσα ξέρ__.

Αν τα θέλω μου μαθαίν__
από μένα περιμέν__
καύσιμά του το μυαλό μου
το γεμίζω για καλό μου.

Είναι άξιος βοηθός μου
φίλ__ μηχαν__ του κόσμου
τάχα, θα μπορούσε η γνώσ__
και καρδούλα να του δώσ__;

Θέτη Χοριάτη,
«Το δελφίνι», Ανθολόγιο λογοτεχνικών κειμένων

Διδασκαλία της κατάληξης -ω των ρημάτων

Τικ τακ τι ώρα είναι
ρωτώ, ξαναρωτώ.
Μην έφτασε η ώρα
να φάμε παγωτό,
ή μήπως είναι ώρα
τραγούδι να σου πω;

Με ω θα ζωγραφίζω
με ω θα τραγουδώ
με ω θε να χορεύω
με ω και θα πηδώ.

Κι ότι εγώ κι αν κάνω
ποτέ μου δεν ξεχνώ
στο τέλος πάντα να' ναι
ωμέγα χαρωπό.

Αφροδίτη Ιωάννου, Ιωάννα Κατσαρού,
Μια αλφαβήτα με θέατρο, χορό και μουσική

- Υπογραμμίζουμε τα ρήματα με μπλε χρώμα.
- Κυκλώνουμε όσα ρήματα τελειώνουν σε -ω- με πράσινο χρώμα.
- Χρωματίζουμε κόκκινο την κατάληξη -ω.
- Διατυπώνουμε τον κανόνα.
- Βρίσκουμε και άλλα ρήματα που να τελειώνουν σε –ω στον πίνακα και στο τετράδιο.
- Γράφουμε μια ιστορία με όσες από τις λέξεις του κειμένου και του πίνακα, που τελειώνουν σε –ω, θέλει κάθε παιδί.

Συμπληρώνω τα κενά με: -ω

Τώρα παίζ__ και γελ__
δεν πειν__ ούτε διψ__.
Παίρν__ φόρα και πηδ__,
ψάχν__ γύρω, τραγουδ__
κι απ' το σπίτι σου περν__

Γλώσσα Β΄ δημοτικού,
Τετράδιο εργασιών, Β΄ Μέρος

Συμπληρώνω τα κενά με: η, οι, ω, ει

Τα ζώα

Ποτέ δεν θα πειράξ__
τα ζώα τα καημένα
μην τάχα σαν εμένα,
κι εκείνα δεν πονούν;
Θα τα χαϊδεύ__ πάντα
προστάτης τους θα γίν__.
Ποτέ δεν θα τ' αφήν__
στους δρόμους να πεινούν.
Αν δεν μιλούν κι εκείνα
κι ο λόγος αν τους λείπ__,
μήπως δεν νιώθουν λύπ__,
δεν νιώθουν και χαρά;

Μήπως καρδιά δεν έχουν
στα στήθη τους κρυμμέν__,
που την χαρά προσμέν__
κι αγάπ__ λαχταρά;
Ακόμα κι όταν βλέπ__
πως τα παιδεύουν άλλ__,
εγώ θα τρέχ__ πάλι
με θάρρος σταθερό
θα προσπαθ__ με χάδια
τον πόνο τους να γιάν__,
κι ό, τι μπορ__ θα κάν__
να τα παρηγορ__.

Ιωάννης Πολέμης,
Αναγνωστικό Β΄ δημοτικού

Συμπληρώνω τα κενά με: ι, ει, ω

Μες στο μεγάλο καθρέφτη
Μες στο μεγάλο τον καθρέφτη
κοίταξε κάποιον που μιλά__
μόνον όταν εγώ μιλά__
κι όταν γελά__ εγώ, γελά__.

Μες τον μεγάλο τον καθρέφτη
δακρύζ__ εγώ κι αυτός δακρύζ__
κι όταν τα δάκρυα σκουπίζ__
με το ίδιο χέρ__ τα σκουπίζ__.

Του κάν__ χίλιες δυο γκριμάτσες
μες τον μεγάλο τον καθρέφτη
του βγάζ__ γλώσσα, μου βγάζ__ γλώσσα
πέφτ__ κι αυτός μαζί μου πέφτ__.

Μες τον μεγάλο τον καθρέφτη
κάν__ κι άλλος ό,τι κάν__
κι όταν τα δυο μου μάτια κλείν__
τότε με χάν__ και τον χάν__.

Γιώργος Μαρίνος,
Ανθολόγιο λογοτεχνικών κειμένων για το νηπιαγωγείο

Συμπληρώνω τα κενά με: ι, η, υ, ει, ω

Με απλά υλικά

Μ' ένα ρείκ__, με ένα δυόσμο
μ' ένα φύλλο κερασιάς
φτιάχν__ το δικό μου κόσμο
κι είν' ο κόσμος της καρδιάς.

Μ' ένα ρόδ__, μ' ένα αστέρ__,
μ' αεράτ__ ακρογιαλιά
φτάχν__ στο Θεό αγιοκέρ__
ζωγραφίζ__ μια καρδιά.

Μ' ένα αστέρ__ κάθε βράδ__
σχεδιάζ__ το Θεό
κι έτσι μοιάζ__ το σκοτάδ__
με καράβ__ φωτειν__.

Αντώνης Δελώνης,
Ανθολόγιο λογοτεχνικών κειμένων για το νηπιαγωγείο

Συμπληρώνω τα κενά με: ι, οι, ω

Οι καλύτεροί μου φίλοι
Πάπιες, κότες, γάτες, σκύλ__
είναι οι πιο καλ__ μου φίλ__.

Στην εξώθυρα, στον κήπο,
με προσμένουν όταν λείπ__.

Το πρω__, σαν πά__ σχολειό,
μου φωνάζουν: «Φίλε, αντίο!»

Κι όταν εύκαιρο με βρούνε,
όλο ευγένεια θα μου πούνε:

«Γαβ, παπά, κοκό» και «νιάο»
δηλαδή μου λεν «πεινά__».

Τότε τρέχ__ στο λεπτό
και μαζεύ__ ό,τι κι αν βρ__.

Και τα πιάτα τους γεμίζ__
και περίσσια τα ταΐζ__.

Πάπιες, κότες, γάτες, σκύλ__
είναι οι πιο καλ__ μου φίλ__.

Ρένα Καρθαίου,
Ανθολόγιο για παιδιά δημοτικού, Α΄ Μέρος

Συμπληρώνω τα κενά με: ι, η, ει

Το σπίτι

Έχ__ μια φωλιά ζεστ__
έτοιμ__ να με δεχτ__
σαν φτωχό σπουργίτ__
και τη λένε σπίτ__.

Η γιαγιά μας είναι εκεί
πάντα σ' όλους στοργικ__
κι ο παππούς στο πλάι
μας χαμογελά__.

Κι η μητέρα η γελαστ__
που ετοιμάζ__ καθετί
στέκ__ παραστάτης
για τη φαμελιά της.

Κι ο πατέρας, σαν γυρνά,
στην αγκάλ__ του συχνά
παίρν__ τον καθένα
πρώτα πρώτα εμένα.

Γιώργος Κοτζιούλας,
Ανθολόγιο λογοτεχνικών κειμένων για το νηπιαγωγείο

Συμπληρώνω τα κενά με : η, υ, οι, ει, ω

Ανακαλύπτοντας αριθμούς

-Ανακαλύπτουμε αριθμούς;
-Ανακαλύπτουμε! Αρχίζ__ εγώ. Σχεδόν ένα, σχεδόν δύο, σχεδόν τρία, σχεδόν τέσσερα, σχεδόν πέντε, σχεδόν έξι.
-Είναι πολύ λίγο. Άκου αυτούς! Ένα υπερεκατομμύριο μπιλμύρια, ένα μπρούτζο χιλαδόνες, ένα θαυμασμύριο και μια υπερχιλιάδα.
-Εγώ τότε θα ανακαλύψ__ έναν πίνακα:
τρία επί ένα Μαρία Μανταλένα
τρία επί δύο πιάνο στο ωδείο
τρία επί τρία μ' αρέσ__ η γεωμετρία
τρία επί τέσσερα πέφτ__, σε παρέσυρα
τρία επί πέντε όστρια και πονέντε
τρία επί έξι περίμενε να βρέξ__
τρία επί εφτά κάστανα καυτά
τρία επί οχτώ παίζουμε κρυφτό
τρία επί εννιά κόμπ__ και σκοινιά
τρία επί δέκα άντρας και γυναίκα

-Πόσο κάν__ αυτ__ η πάστα;
-Δύο τραβήγματα αυτιών.
-Πόσο είναι από δω ως το Μιλάνο;
-Χίλια χιλιόμετρα καινούρια, ένα χιλιόμετρο μεταχειρισμένο και εφτά σοκολατάκια.
-Πόσο ζυγίζ__ ένα δάκρ__;
-Ανάλογα: ένα δάκρ__ ενός καπριτσιάρικου παιδιού ζυγίζ__ λιγότερο από τον άνεμο, ενός παιδιού πεινασμένου ζυγίζ__ περισσότερο απ' όλ__ τη γ__.

Τζιάνι Ροντάρι,
Παραμύθια από το τηλέφωνο

Συμπληρώνω τα κενά με: ι, η, ει, οι, ω

Οι δυο φίλοι

Ο σκύλος λέ__ της γάτας:
-Τα νύχια σου ετοιμάζ__ς,
φυσάς και καμπουριάζ__ς.
Μα τι έχ__ς και θυμών__ς;
Ως πότε οι τσακωμ__;
Κι εκείν__: Μη ζυγών__ς,
σε σκίζ__ στη στιγμ__!
-Για στάσου λέ__ ο σκύλος,
δε θέλ__ς να είμαι φίλος;
Μιλά__ στα σοβαρά
και κούναε την ουρά.
Τρωγόμαστε βδομάδες,
παίρν__ς και δίν__ς ξύλο.
Ας πάψουν οι καβγάδες
και δέξου με για φίλο.
Δε σκέφτηκες κομμάτ__
πως απ' την γκρίνια αυτ__
θα μείν__ μ' ένα μάτ__
θα μείν__ς μ' ένα αυτ__;
Η γάτα με ησυχία
το πόδ__ κατεβάζ__,
του σκύλου η ομιλία
σε συλλογ__ τη βάζ__.
Ήταν εχθρ__, φιλιώσαν.
Ξέχασαν τι είχε γίν__
Συντρόφεψαν. Ειρήν__.
-Βλέπ__ καλά; Έχ__ χάζ__
τ' αφεντικό φωνάζ__.
Ποιοι να' ναι οι δυο κει κάτω
που τρων' στο ίδιο πιάτο;

Ζαχαρίας Παπαντωνίου,
Σχολική ποιητική ανθολογία «Σπύρου Κοκκίνη»

Συμπληρώνω τα κενά με : ι, οι, ει, ω

Ο Φακής
Εμπρός, ένα δυο προσοχ__!
Εμένα με λένε Φακή.
Κορμ__ κορδωμένο,
μουστάκ__ στριμμένο,
γαλόνια χρυσά και σπαθ__.
Η σάλπιγγα τάρα τατά,
σπαθ__ και ντουφέκ__ χτυπά,
μπαμ μπουμ το κανόν__
μπουμ μπαμ το τρομπόν__
Ποιος βγαίν__ σ' εμένα μπροστά;
Γυρεύ__ παντού τον εχθρό.
Κι ας είναι αντρειωμέν__ σωρό,
γιγάντ__ και δράκ__,
θεριά με φαρμάκ__,
καπνός μόλις πρόβαλα εγώ.
Μονάχα ξαφνιάζομαι, οχού!
τρομάζ__ απ' τους ίσκιους, χουχού!
Ένα φύσημα αγέρα,
κι ας είναι και ημέρα,
μου παίρν__ και αντρεία και νου.

Βασίλης Ρώτας,
Η γλώσσα μου, Β' δημοτικού, Α' Μέρος,
μελοποιημένο

Συμπληρώνω τα κενά με: ι, η, οι, ει, ω

Ο χορός της χελώνας
Μια φορά κι έναν καιρό
έστησ' ο λαγός χορό
και τ' αηδόν__ τραγουδούσε
με φων__ μελωδικ__
κι ο λαγός χοροπηδούσε
κι όλ__ θαύμαζαν εκεί.
Μια χελώνα τον θωρ__
και ζηλεύ__ και θαρρ__
πως χορό κι εκείνη ξέρ__
και φωνάζ__ στο λαγό:
-Έλα πιάσε με απ' το χέρ__
να σ' ακολουθ__ κι εγώ.
Ο λαγός καιρό δεν χάν__
κι απ' το χέρ__ της την πιάν__
και χορεύοντας πηγαίν__
και τη σέρν__ και γελά.
Μα η χελώνα φορτωμέν__
πέφτ__ και κατρακυλά.

Ιωάννης Πολέμης,
«Παπαρούνα Κόκκινη»,
Ζωή Βαλάση, μελοποιημένο

Ποιος διευθύνει;

Ρώτησα ένα κοριτσάκ__:
-Ποιος διευθύν__ στο σπίτ__;
Αυτή σωπαίν__ με κοιτάζ__ και δεν απαντά.
-Λοιπόν θα μου π__ς; Πες μου ποιος είναι ο αρχηγός;
Με ξανακοιτάζ__ με αμηχανία.
-Δεν ξέρεις τι θα π__ «διευθύν__»; Και βέβαια το ξέρ__ς.
Δεν ξέρ__ς τι θα π__ αρχηγός; Και βέβαια το ξέρ__ς. Λοιπόν;
Με κοιτάζ__ και σωπαίν__. Δεν ξέρ__ τι να κάν__. Να
θυμώσ__; Κι αν η καημέν__ είναι μουγκ__; Τώρα να το
βάζ__ στα πόδια. Τρέχ__. Το βάζ__ στα πόδια. Τρέχ__ μέχρι
την άκρ__ του λιβαδιού, γυρνά__ απότομα, μου βγάζ__ τη
γλώσσα και μου φωνάζ__ γελώντας.
-Δε διευθύν__ κανείς στο σπίτ__ μας γιατί όλ__ αγαπιόμαστε.

Τζιάνι Ροντάρι,
Ανθολόγιο «Το δελφίνι»

Διδασκαλία κατάληξης ουδετέρων σε –ο

Ο σπουργίτης και το ουράνιο τόξο

Ήταν κάποτε ένας σπουργίτης που ήθελε να γνωρίσει το ουράνιο τόξο. Ήθελε να δει από κοντά τα χρώματά του. «Είναι πολύ μακριά για σένα το ουράνιο τόξο!» του έλεγε η σοφή κουκουβάγια. «Κι εσύ, τόσο μικρούλης που είσαι, θα κουραστείς και θα μείνεις στα μισά του δρόμου!» Όμως ο σπουργίτης δεν άλλαζε γνώμη. Κι έτσι ένα πρωί ξεκίνησε για το μεγάλο ταξίδι. Πέρασε μέσα από το μεγάλο δάσος. Είδε τα λιοντάρια, τις τίγρεις, τους ελέφαντες και τις μαϊμούδες. Κάποια στιγμή ο σπουργίτης βρέθηκε σ' ένα μεγάλο βουνό. Εκεί είδε το πιο ψηλό έλατο.

Μάνος Κοντολέων,
Ανθολόγιο «Το δελφίνι»

- Υπογραμμίζουμε με μπλε χρώμα τα ουδέτερα, ουσιαστικά και επίθετα.
- Κυκλώνουμε με πράσινο χρώμα όσα τελειώνουν σε -ο.
- Χρωματίζουμε με κόκκινο χρώμα την κατάληξη –ο.
- Διατυπώνουμε τον κανόνα.
- Βρίσκουμε κι άλλα ουδέτερα που λήγουν σε –ο, τα γράφουμε στον πίνακα.
- Γράφουμε μια ιστορία με όσες από τις λέξεις του κειμένου και του πίνακα, που τελειώνουν σε –ο, θέλει κάθε παιδί.

Συμπληρώνω τα κενά με: -ο

Τον μικρ__ μου αδερφ__ τον λένε Πέτρο. Χτες ήταν άρρωστος και η μαμά αγόρασε ένα φάρμακ__ από το φαρμακεί__. Του έβαλε και θερμόμετρ__. Εγώ του διάβασα το αγαπημέν__ του βιβλί__. Αύριο δεν θα πάει στον παιδικ__ σταθμ__.

Σοφία Πανίδου

Συμπληρώνω τα κενά με: ο, ω, ει, ι

Συμφωνία μ' ένα δέντρ__
Έχ__ φίλ__ μου πιστ__
ένα δέντρ__ φουντωτ__.
Συμφωνία του έχ__ κάν__
με χαρτ__ και με μελάν__.
Να του δίν__ εγώ νερ__.
Να μου δίν__ αυτό χορό.
Να παινεύ__ τα πουλιά του.
Να του λέ__ σ' αγαπ__.
Να μου δίν__ τον καρπό.
Ν' αγκαλιάζ__ τον κορμό του.
Να με λέ__ κι αδελφό του.
Και να ζήσουμε μαζί
όσο ζ__ κι όσο θα ζ__.

Γιώργης Κρόκος,
Ανθολόγιο «Το δελφίνι»

Συμπληρώνω τα κενά με: ι, η, υ, ει, ο

Μαργαρίτα

Η μικρούλα η μικρ__
Μαργαρίτα
να διαβάσ__ δεν μπορ__
άλφα βήτα.
Στα ματάκια της κυλά
ένα δάκρ__,
το βιβλί__ της πετά
σε μιαν άκρ__.
Το ποδάρ__ της χτυπά
και φωνάζ__,
την κοιτάζουν τα παιδιά
κάνουν χάζ__.
Να διαβάσ__ δεν μπορ__
άλφα βήτα,
αχ! τι άταχτ__ παιδ__
Μαργαρίτα!

Μιχάλης Στασινόπουλος,
Ανθολόγιο «Το δελφίνι»,
μελοποιημένο

Συμπληρώνω τα κενά με: ι, ο, ω

Το ποταμάκι
-Από πού είσαι ποταμάκ__;
-Από κείνο το βουν__.
-Πώς τον λέγαν τον παππού σου;
-Σύννεφ__ στον ουραν__.
-Ποια είναι η μάνα σου;
-Η μπόρα.
-Πώς κατέβηκες στη χώρα;
-Τα χωράφια να ποτίσ__
και τους μύλους να γυρίσ__.
-Στάσου να σε δούμε λίγο
ποταμάκ__ μου καλ__.
-Βιάζομαι πολύ να φύγ__,
ν' ανταμώσ__ το γιαλ__.

Ζαχαρίας Παπαντωνίου,
Ανθολόγιο για παιδιά δημοτικού, Α΄ Μέρος

Συμπληρώνω τα κενά με: ι, ει, ο

Αλήθεια ή παραμύθια
Ποτέ δεν είδα μια μύγα να γελά__
ούτε πορτοκαλ__ καπέλ__ να φορά__

ποτέ δεν είδα χελώνα να καλπάζ__
ούτε λαγό αργό να περπατά με νάζ__

δεν είδα λουλούδ__ να φορά__ παπούτσια
ούτε και σοκολάτα που να 'χ__ κουκούτσια

ποτέ δεν είδα γάιδαρο να πετά__
ούτε ψάρ__ άκουσα να κελαηδά__

δεν είδα γάτα πιλότο σε αεροπλάν__
ούτε αρκούδα να ζ__ σε δέντρ__ απάνω

ποτέ δεν είδα μπούφο να λέ__ αστεία
ούτε και ιπποπόταμο σε καλλιστεία.

Μα είδα ψέμματα που 'γιναν αλήθεια
και όλα συμβαίνουν μες στα παραμύθια.

Θέτη Χορτιάτη-Τασούλα Τσιλιμένη,
«Φρούλου, φρούλου, φρέλα, να 'τανε χαλβάς η τρέλα»

Συμπληρώνω τα κενά με: ι, η, ο, ω

Οι ασχολίες
Το 'χω πολύ μεράκ__
να γίν__ μαστοράκ__.
Η ξάπλα είναι μέλ__
κι ας με λεν τεμπέλ__.
Είν' ο χορός μου κέφ__
χτυπάτε μου το ντέφ__.
Θέλ__ να μαγειρεύ__
με μάγειρα καπέλ__.
Πετ__ μ' ένα βιβλ__
ταξίδ__ μεγαλεί__.
Χαρά μου η σοκολάτα
κι ας γίν__ σαν πατάτα.
Γυμνάζομαι και τρέχ__
καλ_ υγεία να έχ__.
Πως αγαπ__ τα λούσα
να 'μια ξανθομαλλούσα.
Το πιάν__ αγαπά__
τα πλήκτρα να χτυπά__
εγώ πιάν__, εσύ βιολ__
θαρρείς κελαηδ__ πουλ__.

Θέτη Χορτιάτη-Τασούλα Τσιλιμένη,
«Φρούλου, φρούλου, φρέλα, να 'τανε χαλβάς η τρέλα»

Συμπληρώνω τα κενά με: ι, η, υ, ει, οι, ο

Πρω___, μεσημέρ___, βράδ___
Καλημέρα, Τέλη!
Ο ήλιος ανατέλλ___
ώρα να ξυπνήσ___ς
να προγευματίσ___ς.

Ήρθε μεσημέρ___
καλ___ όρεξ___ Μαίρ___,
το γεύμα στο τραπέζ___
κανείς τώρα δεν παίζ___
τρώνε η Μαίρ___ κι η Φαν___
κι ο ήλιος μεσουραν___.

Καλησπέρα, Σίσυ!
Ο ήλιος πά___ στη δύσ___
απόγευμα, καθισιό
ώρα για κολατσιό.

Σε λίγο θα 'ρθ___ η νύχτα
θα πούμε καληνύχτα!
Η ώρα για το δείπν___
μετά πάμε για ύπνο

κι όνειρα γλυκά γλυκά
στα ζεστά, στα μαλακά
στ' ουρανού το περιβόλ___
μ' αγγελούδια γύρω όλ___.

Θέτη Χορτιάτη-Τασούλα Τσιλιμένη,
«Φρούλου, φρούλου, φρέλα, να 'τανε χαλβάς η τρέλα»

Συμπληρώνω τα κενά με: ι, η, οι, ει, ο, ω

Το παράδειγμα
Ένας κάβουρας μεγάλος μέσα απ' τα νερά
στο μικρ__ το καβουράκ__
είπε μια φορά:
-Τι στραβά πηγαίν__ς
και λοξοπατάς.
Ίσια μάθε να βαδίζ__ς
και να περπατάς.

Κι απαντά το καβουράκ__
με φων__ δειλ__:
-Είναι αλήθεια τόσο ωραία
τούτ__ η συμβουλ__.

Μα περπάτησε συ πρώτος,
και σ' ακολουθ__
το γοργ__ το βάδισμά σου
για να μιμηθ__.

Βλέποντάς σε, κάβουρά μου,
ίσια να πατάς
εύκολα κι εγώ θα γίν__
όπως μου ζητάς.

Μα ο κάβουρας το ίδι__
πήγαινε αργά,
κι ήταν μια στα βράχια πάνω
μια μες τα νερά.

Ας το μάθουμε παιδιά μου:
στη ζω__ πολλ__
το παράδειγμά μας θέλουν
να 'χουν συμβουλ__.

Ειρήνη Μαστροπούλου,
Ανθολόγιο λογοτεχνικών κειμένων για το νηπιαγωγείο

Συμπληρώνω τα κενά με: ι, η, ει, ο, ω

Οι καλημέρες
Σαν ξυπν__ κάθε πρω__
το ανθισμέν__ γιασεμ__
καλημέρα μυρωμέν__
να μου πει με περιμέν__

Άλλ__ μία καλημέρα
θ' ακουστ__ από κει και πέρα
απ' του δέντρου το κλαδ__
με φων__ μελωδικ__.

Θες την τρίτ__ να την πω:
δες ψηλά στον ουρανό.
Το λευκ__ το συννεφάκ__
«καλημέρα», λέ__, «παιδάκ__».

Έχ__ πάρ__ απ' τη μητέρα
τη δική της καλημέρα
από τον μπαμπά άλλ__ μια,
κι έτσι γέμισε η καρδιά.

Αφού γέμισε η καρδιά μου,
τώρα είναι η σειρά μου
καλημέρες να σκορπίσ__
σ' όλους όσους συναντήσ__.

Μαρία Γουμενοπούλου,
Ανθολόγιο λογοτεχνικών κειμένων για το νηπιαγωγείο

Συμπληρώνω τα κενά με: ι, η, υ, ει, ο

Ένα βιβλίο πλατάνι στον ουρανό που φτάνει

Τότε πλησίασε ένα βιβλί__, στάθηκε μπροστά τους κι άνοιξε τις σελίδες του. Όλοι έσκυψαν να ακούσουν και να θαυμάσουν πόσα πολλά είχε να π__ ένα βιβλί__.

Ένα βιβλί__ πλατάν__
στον ουραν__ που φτάν__
κλαδ__ και μονοπάτ__
κορφ__ και σκαλοπάτ__
που 'χ__ δροσιά τραγούδια
ποιήματα λουλούδια
μπουμπούκια σαν ρεβίθια
που λένε παραμύθια
τρυγούν κλαράκια χέρια
τις σκέψεις απ' τα' αστέρια
μαζεύουνε κουβάρ__
το δρόμο ως το φεγγάρ__
ένα βιβλί__ που φτάν__
κι απλών__ σαν πλατάν__
λόγια και φύλλα τέντα
στου ήλιου την κουβέντα.
Κι από τότε κάθε βράδ__ το βιβλί__ λέ__ και λέ__, ακόμα να τελειώσ__.

Θέτη Χορτιάτη,
«Ορθογραφώ», Μανόλης Αρχοντάκης

Συμπληρώνω τα κενά με: ει, οι, ω, ο

Το βιβλίο

Το βιβλί__ δεν έχ__ στόμα, κι όμως μιλά__. Διηγείται ένα σωρό ιστορίες, και λέ__ και ποιήματα και τραγουδά__ και τραγούδια με τις νότες. Η μαμά διαβάζ__ και το βιβλί__ μιλά__ με το στόμα της. Όταν θα μάθ__ κι εγώ να διαβάζ__, τότε το βιβλί__ θα μιλά__ με το δικό μου στόμα. Α, όταν μάθ__ να διαβάζ__, μήτε στιγμ__ δε θ' αφήν__ σε ησυχία το βιβλί__: θα το βάζ__ να μου διηγείται ιστορίες και ιστορίες, ώσπου να κουραστ__. Κι ως την ώρα που θα κλείνουν τα μάτια μου απ' τη νύστα. Τότε θα βάζ__ το βιβλί__ κάτω απ' το προσκέφαλ__ μου και μόλις ξυπν__ θα το βάζ__ να μου λέ__ μια μικρ__ ιστορία. Τώρα η μαμά με πηγαίν__ στον παιδικό κήπο. Έχ__ κι εδώ βιβλία. Μας περιμένουν υπομονετικά. Η δασκάλα μας διαβάζ__ με δυνατ__ φων__. Το βιβλί__ είναι ευχαριστημέν__ που τ' ακούμε με τόσ__ προσοχ__. Όταν μιλά__ το βιβλί__, εμείς σωπαίνουμε. Δεν κάνουμε καθόλου θόρυβο για να μην το ενοχλήσουμε.

Ντόρα Γκάμπι,

«Εγώ, η μητέρα μου κι ο κόσμος»,

(μετάφραση Γιάννης Ρίτσος)

Διδασκαλία της κατάληξης των ρημάτων -αίνω

Κάθε φορά που πηγαίνουμε στο σπίτι της γιαγιάς είμαι πολύ χαρούμενος. Μου αρέσει να ανεβαίνω τη μεγάλη ξύλινη σκάλα και να κατεβαίνω μετρώντας ένα ένα τα σκαλιά. Τα ξαδέρφια μου κι εγώ χορταίνουμε με τις νόστιμες πίτες της. Η γιαγιά μας μαθαίνει ένα σωρό τραγουδάκια και νανουρίσματα. Όλα της τα εγγόνια την αγαπάμε πολύ!

Σοφία Πανίδου

- Υπογραμμίζουμε με μπλε χρώμα τα ρήματα.
- Κυκλώνουμε με πράσινο χρώμα όσα τελειώνουν σε –αίνω.
- Χρωματίζουμε με κόκκινο χρώμα την κατάληξη -αίνω.
- Διατυπώνουμε τον κανόνα.
- Βρίσκουμε κι άλλα ρήματα που να λήγουν σε -αίνω.
- Γράφουμε μια ιστορία με όσα από τα ρήματα του κειμένου και του πίνακα, που τελειώνουν σε –αίνω, θέλει κάθε παιδί.

Συμπληρώνω τα κενά με: -αινω

Όταν αρρωστ__νω δεν πηγ__νω σχολείο. Η μαμά μου ζεστ__νει γάλα και μου δίνει σιρόπι για τον πυρετό. Δεν βγ__νω από το σπίτι και δεν κατεβ__νω στην αυλή για παιχνίδι. Οι φωνές των φίλων μου με ξεκουφ__νουν. Ευτυχώς που δεν το παθ__νω συχνά!

Σοφία Πανίδου

Διδασκαλία των εξαιρέσεων σε -ένω

Κόσμος μπαίνει, κόσμος βγαίνει
και ανεβοκατεβαίνει
και κανένας δε σωπαίνει!
Όλοι τρώνε, δε χορταίνουν,
από το φαΐ παχαίνουν,
και τα πιάτα δεν τα πλένουν.
Μα εγώ δεν καταλαβαίνω
νηστική γιατί όλο μένω,
και μικραίνω και λεπταίνω
και τη ζώνη μου μαθαίνω
όλο πιο σφιχτά να δένω!

«ταξίδι στον κόσμο της γλώσσας» Β΄ Δημοτικού

- Υπογραμμίζουμε με μπλε χρώμα τα ρήματα.
- Κυκλώνουμε με πράσινο χρώμα όσα τελειώνουν σε – αίνω και –ένω.
- Χρωματίζουμε με κόκκινο χρώμα την κατάληξη –ένω.
- Διατυπώνουμε τον κανόνα με τις εξαιρέσεις του.
- Γράφουμε μια ιστορία με όσα από τα ρήματα του κειμένου, που τελειώνουν σε –αίνω ή -ένω, θέλει κάθε παιδί.

Συμπληρώνω τα κενά με: -ένω

Το χωριό μου

Όταν πηγαίνω στο χωριό μου, θέλω να μέν___ στο σπίτι του παππού και της γιαγιάς. Στην αυλή υπάρχουν πολλά ζώα, κότες, γάτες, σκυλάκια, κουνελάκια και κατσικάκια. Ο παππούς μού λέει κάθε φορά να δ___ το άσπρο μας σκυλάκι στον κορμό της δαμασκηνιάς, γιατί κυνηγάει τις κότες. Όταν πάλι παίζω με τις γάτες και τις χαϊδεύω, μου λέει να πλ___ πάντα τα χέρια μου λίγο πριν το φαγητό. Με μαλώνει, όταν έχω άδικο κι επιμ___ σε κάτι. Όταν μ___ στο χωριό μου περνώ υπέροχα.

Μαρία Οδατζίδου

Συμπληρώνω τα κενά με : ι, η, οι, ο, ω, ε, αι

Ο ουρανός

Στο διαμέρισμα που μ__νουμε δε βλέπ__ ουρανό. Ανοίγ__ το παράθυρ__, γυρίζ__ τα μάτια μου ψηλά, και το μόνο που βλέπ__ είναι μια μεγάλ__ τρύπα, εκεί που τελειώνουν οι άσπρ__ τοίχ__. Αυτ__ η τρύπα είναι πότε άσπρ__, πότε γκρίζα, πότε γαλάζια. Είναι ουρανός αυτό; Ουρανός καταλαβ__ν__ τι είναι όταν πηγ__ν__ στο χωρι__. Μόλις βγ__ν__ από το σπίτ__ είμαι όλος κάτω από τον ουραν__.

Άννα Γκέρτσου-Σαρρή,
Η γλώσσα μου, Β΄ δημοτικού, Α΄ Μέρος

Συμπληρώνω τα κενά με : ι, η, ει, αι, ε, ο

Το μεγάλο κοτρόνι

Ο βράχος και το πεύκ__ φαίνονται σαν να τους δ__ν__ δυνατ__ φιλία. Τα παιδιά που μ__νουν στην απάνω γειτονιά πηγ__νουν εκεί κάθε μέρα. Τα μεγαλύτερα ανεβ__νουν πρώτα στο πεύκ__. Ύστερα κατεβ__νουν προσεκτικά από την άλλ__ πλευρά. Βγ__νουν από την τρύπα τους και ανεβοκατεβ__νουν στο μεγάλ__ κοτρόν__.

Η γλώσσα μου, Β΄ δημοτικού, Γ΄ Μέρος

Συμπληρώνω τα κενά με: ι, υ, ει, αι, ω

Βραδινό

-Μαμά, νυστάζ__, μου ζεστ__ν__ς σε παρακαλ__ το γάλα μου;
-Βέβαια παιδάκι μου! Θέλ__ς να σου διαβάσ__ κι ένα παραμύθ__;
-Ναι, ναι! Δεν χορτ__ν__ τα παραμύθια! Δεν με παίρν__ ο ύπνος διαφορετικά.
-Το ξέρ__. Κάθε βράδ__ θα σου λέ__ μια ιστορία, κι όταν μάθ__ς να διαβάζ__ς, θα σου πάρ__ καινούρια βιβλία, που θα μπορ__ς να τα διαβάζ__ς μόνος σου!
-Τέλεια! Πηγ__ν__ να βάλ__ τις πιτζάμες μου και σε περιμ__ν__!

Σοφία Πανίδου

Συμπληρώνω τα κενά με: ε, αι, ει

Ο Ανδρέας

Ο Ανδρέας μαθ__ν__ να παίζ__ κιθάρα. Κάθε μέρα μεγαλών__ και καταλαβ__ν__ περισσότερα πράγματα. Πλ__ν__ καλά τα χέρια του και δ__ν__ μόνος του τα κορδόνια.

-Μου αρέσ__ που μ__ν__ κοντά στο σχολεί__! λέ__ στους φίλους του.

Σοφία Πανίδου

Συμπληρώνω τα κενά με: η, ει, ι, αι, ε, ω

Οι φίλες

Η Ελέν__ είναι η καλύτερ__ φίλ__ της Κατερίνας και μαθ__ν__ πιάν__. Έχ__ ένα σπίτ__ κοντά στην θάλασσα. Όλο το καλοκαίρ__ μ__ν__ εκεί. Της αρέσ__ να πλ__ν__ τα κουβαδάκια της στο νερ__. Φτιάχν__ πύργους με την άμμο και μαζεύ__ κοχύλια. Ο μπαμπάς της της μαθ__ν__ να κολυμπά__ χωρίς σωσίβιο.

-Μια μέρα θα τα καταφέρ__! λέ__ με αυτοπεποίθησ__.

Μαρία Οδατζίδου

Συμπληρώνω τα κενά με: ι, η, ει, αι, ο, ω

Κάθε πρωί

Κάθε πρω__ πίν__ το γάλα μου και πηγ__ν__ με την αδερφ__ μου στο σχολεί__. Εκεί μαθ__ν__ γράμματα και κάν__ πράξεις στα μαθηματικά. Προσέχ__ όταν μιλά__ η κυρία, για να καταλαβ__ν__ όσα μας λέ__.

Όταν χτυπά__ το κουδούν__ για το ολοήμερ__, μαζεύ__ τα πράγματά μου και πηγ__ν__ στη τραπεζαρία. Πλ__ν__ τα χέρια μου και τρώ__ το φαγητ__ μαζί με τους συμμαθητές μου.

Μαρία Οδατζίδου

Διδασκαλία της κατάληξης των ρημάτων -ίζω

Η Αννούλα

Όταν σπίτι μου γυρίζω,
το σκυλάκι μου φροντίζω.
Το ταΐζω, το ποτίζω,
με κορδέλα το στολίζω.
Το δωμάτιο ξεσκονίζω,
συγυρίζω και σκουπίζω.
Σφουγγαρίζω, καθαρίζω
και τα έπιπλα γυαλίζω.
Την κουκλίτσα μου βαφτίζω,
τη χτενίζω, τη στολίζω,
με φιλάκια τη γεμίζω
και το βράδυ την κοιμίζω.

Μαρία Οδατζίδου

- Υπογραμμίζουμε με μπλε χρώμα τα ρήματα.
- Χρωματίζουμε με κόκκινο χρώμα την κατάληξη –ίζω.
- Διατυπώνουμε τον κανόνα.
- Βρίσκουμε κι άλλα ρήματα σε –ίζω.
- Γράφουμε μια ιστορία χρησιμοποιώντας όσα από τα ρήματα του κειμένου και του πίνακα που τελειώνουν σε –ίζω, θέλει κάθε παιδί.

Συμπληρώνω τα κενά με: -ίζω

Λίγο ακόμα

Θα ιδούμε τις αμυγδαλιές ν' ανθ__ζουν,
τα μάρμαρα να λάμπουν στον ήλιο
τη θάλασσα να κυματ__ζει.
Λίγο ακόμα,
να σηκωθούμε λίγο ψηλότερα.

Γιώργος Σεφέρης,
Η γλώσσα μου, Β΄ δημοτικού, Γ΄ Μέρος,
μελοποιημένο

Γλωσσοδέτης

Το νεράκι γαργαρ_ζει
και η κότα κακαρ_ζει,
το σκυλάκι μας γαβγ_ζει
και ο γάιδαρος γκαρ_ζει.
Ποιος γκαρ_ζει, γαργαρ_ζει,
κακαρ_ζει και γαβγ_ζει;

Λαϊκό,
Ανθολόγιο λογοτεχνικών κειμένων για το νηπιαγωγείο

Διδασκαλία των εξαιρέσεων: -οιζω, -ηζω, -υζω, -ειζω

Η μαμά μου μου φωνάζει:
-Τι θα γίνει βρε παιδί μου;
Κάθε μέρα σφουγγαρίζω, πλένω, απλώνω, ξεσκονίζω,
συγυρίζω, καθαρίζω και το φαγητό φουρνίζω!
Βάλε κι εσύ ένα χεράκι και μη βρωμίζεις το πατάκι!
-Αχ μανούλα πώς να βοηθήσω, που 'χω και να μελετήσω.
Κάθε μέρα στο σχολείο, γράφω, σβήνω στο βιβλίο.
Αφαιρώ μα και αθροίζω, τις ξυλομπογιές δανείζω.
Το κεφάλι μου γεμίζω με τις γνώσεις που κερδίζω!
Μα είναι κρίμα τέτοια μέρα να τη χάσουμε εδώ πέρα.
Πάμε βόλτα στο δασάκι να ξεσκάσουμε λιγάκι.
Να ακούσουμε τη φύση, πώς το ρυάκι κελαρύζει.
Μμμμ... μανούλα τι μυρίζει;
-Η κρέμα στη φωτιά που πήζει!
Τη κοιλίτσα σου γεμίζει κι όταν φας πολύ την πρήζει!

Σοφία Πανίδου

- Υπογραμμίζουμε με μπλε χρώμα τα ρήματα.
- Κυκλώνουμε με πράσινο χρώμα την κατάληξη –ίζω.
- Χρωματίζουμε με κόκκινο ολόκληρες τις εξαιρέσεις.
- Διατυπώνουμε τον κανόνα με τις εξαιρέσεις.
- Γράφουμε μια ιστορία με όσα ρήματα σε –ίζω και τις εξαιρέσεις μπορούμε.

Συμπληρώνω τα κενά με : ι, υ, η, ει, αι, ω

Ο κηπουρός

Ο κηπουρός σκαλ__ζ__ και ποτ__ζ__ τον κήπο. Καθαρ__ζ__ τα άγρια χόρτα. Θα φυτέψ__ λουλούδια, θα κουρέψ__ το γρασίδ__. Το βράδ__ τα πουλιά θα κελαηδούν στα δέντρα. Θα παίζ__ με τους φίλους μου έξω στην αυλ__ όλο το καλοκαίρ__ και θα μπ__ν__ μέσα όταν θα βγ__ν__ το φεγγάρ__. Αχ, ανυπομον__ να έρθ__ το καλοκαίρ__!

Σοφία Πανίδου

Συμπληρώνω τα κενά με: ι, ο, αι, ει

Ο πρώτος μου πόθος

Στα πλάγια του χαμηλού βουνού, κατά το βοριά, είναι σκορπισμένα ανάμεσα στα δέντρα τα σπιτάκια του μικρού χωριού μου.

Από τα βουνά κατέβ__ναν ρεματιές γεμάτες νερ__, χειμώνα καλοκαίρ__, που έκαναν το ποταμάκ__, που περνούσε στα πόδια των σπιτιών, να ποτ__ζ__ τα περιβόλια και να γυρ__ζ__ δυο τρεις μύλους.

Το χειμώνα πολλές φορές αυτ__ το ποταμάκ__ φούσκωνε και πλημμύρ__ζε τις όχθες του. Πώς βού__ζε τότε! Και δεν ήταν πια καθαρ__, ήσυχ__, παρά θολ__, κοκκινωπ__. Σαν να είχε θυμώσ__, και έτρεχε με γρηγοράδα, αφρισμέν__. Και ο τόπος γέμ__ζε από τις φωνές του, από το βουητ__ του.

Επαμεινώντας Παπαμιχαήλ-Δημήτρης Βουτυράς,
Ανθολόγιο για παιδιά δημοτικού, Β' Μέρος

Συμπληρώνω τα κενά με: η, ο, ω, ε, ι, αι

Στο σχολείο

Μ__ν__ κοντά στο σχολεί__. Κάθε πρω__ πηγ__ν__ με τα πόδια. Βαδ__ζ__ γρήγορα και δεν αργ__ στην προσευχ__. Οι δάσκαλ__ μας περιμ__νουν στην αυλ__.

Μου αρέσ__ το σχολεί__, να μαθ__ν__ καινούρια πράγματα, να γράφ__ αστείες ιστορίες, να τραγουδ__ και να αθρ__ζ__ μεγάλους αριθμούς.

Στο διάλειμμα παίζ__ με τους φίλους μου και τρώ__ το κουλούρ__ μου! Όταν χτυπά__ το κουδούν__ κάνουμε γραμμές και μπ__νουμε ήσυχα στην τάξ__.

Σοφία Πανίδου

Συμπληρώνω τα κενά με: ο, ω, οι, ι, ει

Κάθε μέρα στο σχολείο

Κάθε μέρα παίζ__ με τους φίλους μου. Κάν__ μάθημα στο σχολεί__, γράφ__ ορθογραφία και αθρ__ζ__ αριθμούς. Όταν ζωγραφ__ζ__ και ο διπλανός μου δεν έχ__ μαρκαδόρους, του δαν__ζ__ τους δικούς μου. Μου αρέσ__ να χρωματ__ζ__ και να σχεδιάζ__.

Σοφία Πανίδου

Συμπληρώνω τα κενά με: ι, η, ε, ο

Μια ομαδική ζωγραφιά

Ο Λουκάς, η Γαλήν__, ο Αρμπέν και η Χαρά άρχ_σαν τη δουλειά. Άπλωσαν το λευκ__ χαρτ__ πάνω στο πάτωμα και το χώρ_σαν στα τέσσερα. Καθένας έκανε στο κομμάτ__ του μια ζωγραφιά. Συνέχ__σαν μέχρι να γεμ__σουν το χαρτ__. Όταν τελείωσαν, δίπλωσαν τη ζωγραφιά και την έδ_σαν με μια χρωματιστ__ κορδέλα. Τη χάρ__σαν στη φίλ__ τους την Ελέν__.

Η γλώσσα μου, Β΄ δημοτικού,
Τετράδιο εργασιών, Β΄ Μέρος

Συμπληρώνω τα κενά με: ι, η, ει, ο, ω

Τα ζώα μου και τα πουλιά

Ποιο παιδ__ δεν αγαπά τα ζώα και ποιο παιδ__ από τα πιο μικρά του χρόνια δε λαχταρά να αποκτήσ__ κάτι ζωνταν__ δικό του; Χαίρεται να νιώθ__ την εξουσία του, να φροντ__ζ__ για την τροφ__ του, να του καθαρ__ζ__ το κλουβ__ του, αν είναι πουλ__, να του συγυρ__ζ__ το σπιτάκ__ του ή τη γωνιά του, αν είναι τετράποδο.

Θυμάμαι το πρώτ__ μου καναρίν__, ένα μαυριδερ__ πουλάκ__, που μπήκε στο σπίτ__ μας φευγάτ__ από κάπου αλλού, και το πιάσαμε με μια βρεγμέν__ πετσέτα.

Το λέγαμε Μαυρίκα και δεν κελαηδούσε, μόνον συλλάβ_ζε κάποτε σιγαλά σιγαλά σαν λόγια προσευχής.

Γεώργιος Δροσίνης,
Ανθολόγιο για παιδιά δημοτικού, Β΄ Μέρος

Συμπληρώνω τα κενά με: ι, η, ει, ο, ω, αι

Αφώλιαστο πουλ__
Τα χελιδόνια τα πουλιά
Στ' ανώφλια χτ__ζουν τη φωλιά
Και στη σκεπ__ την άσπρ__,
Με χόρτ__ και με λάσπ__.

Μέσα από μούσκουλην υγρ__
συνάζ__ ο σπίνος ό, τι βρ__
και φορτωμένος τρέχ__
και τη φωλιά του πλέκ__.

Ρίζες και τούφες το μαλλ__
η καρδερίνα κουβαλ__,
και σαν βαθύς τεχνίτης,
χτ__ζ__ φωλιά δικ__ της.

Πουλάκια χτ__ζουν τις φωλιές
Σε κούφια δέντρα, σε σπηλιές.
Θες φλώρος, θες σπουργίτη,
Έχ__ δικ__ του σπίτ__.

-Μα εσύ, καλέ τραγουδιστή,
Φωλιά δε νοιάζεσαι- γιατί;
Κούκο καλέ μου, στάσου:
Πού τα γεννάς τ' αυγά σου;

-Να χτ__ζ__ εγώ δεν ευκαιρ__.
Τραγούδ__ θέλ__ να χαρ__.
Γενν__ σε ξένο τόπο
Και βγ__ν__ από τον κόπο.

Αυγά κι αν κάν__ περισσά,
Ξέν__ φτερούγα τα κλωσά.
Μα η Πλάσ__ δε χωρ__ζ__
Και ξένο δε γνωρ__ζ__!

Τέλος Άγρας,
Ανθολόγιο για παιδιά δημοτικού, Β' Μέρος

Συμπληρώνω τα κενά με: ι, ει, ο

Το τραγούδι του μαγκανοπήγαδου
Στου χωριού μας το πηγάδ__
νερ__ πλούσι__ και σκοτάδ__.

Όποιος από κει περάσ__
Κάθεται να ξεδιψάσ__.

Και δουλεύ__ το μαγκάν__,
Πόπο σαματά που κάν__.

Τι τραγούδ__, τι κακ__,
μέσα στο σιδερικ__.

Του νερού τις μαντινάδες
λένε πλήθος οι κουβάδες.

Τα γρανάζια γκλιν και γκλαν,
καμπανάκια που χτυπάν.

Ένα αξόν__, ένα πουλ__,
μαντολίν__ και βιολ__,

Κελαηδούνε, παίζουν, τρ__ζουν,
γύρω τη δροσιά σκορπ__ζουν.

Και ξεχύνονται νερά
και τραγούδια και χαρά.

Το μαγκάν__ μας το ακούς;
Του χωριού λέ__ τους σκοπούς.

Ρένα Καρθαίου,
Ανθολόγιο για παιδιά δημοτικού, Β΄ Μέρος

Συμπληρώνω τα κενά με: ι, η, ει, αι, ω, ο

Καλοκαιρινές φιλίες
Έχ__ φίλ__ μου τον ήλιο
κι ένα τζίτζικα τρελό.
το τζιτζίκ__ σ' ένα κλώνο
και τον ήλιο στο γιαλό.

Το τζιτζίκ__ μου παινεύ__
την ξανθ__ καλοκαιριά
κι ο κυρ ήλιος ζωγραφ__ζ__
τη γαλάζια απλοχωριά.

Το τζιτζίκ__ με μαθ__ν__
Ξένοιαστα να τραγουδ__
κι ο κυρ ήλιος σαν το γλάρο
πάν' στο κύμα να πηδ__.

Το τζιτζίκ__ κι ο κυρ ήλιος,
σαν δάσκαλο μου καλό,
μ'έχουν μάθ__ πώς να κάν__
καλοκαίρ__ τη ζω__.

Γιώργης Κρόκος,
Ανθολόγιο για παιδιά δημοτικού, Α' Μέρος

Συμπληρώνω με: ι, η, ο, ει, οι

Μια μπουλντόζα στο χωριό μας
Τι φωνές κι αντάρα
στο μικρ__ χωρι__ μας!
Τρέχουν, τρέχουν όλ__
στο μεγάλο δρόμο
το θερι__ να ιδούνε.
Ξέσπασε η βου__ του
κει ψηλά στη ράχ__.
Γύρω του σηκών__
σύννεφ__ τη σκόν__.
Μπρος έχει απλωμέν__
μια πλατιά δαγκάνα.
Τρ__ζ__ και καπν__ζ__,
σα θερι__ μουγκρ__ζ__!
Μια φαρδιά αλυσίδα
στρών__ και ξεστρών__,
τα χαλίκια λιών__.
Ένα παλικάρ__
Δέστε τι καμάρ__!
με δυο σιδερένια
μπράτσα το φρενάρ__.

Νίκος Κανάκης,
Ανθολόγιο για παιδιά του δημοτικού, Β΄ Μέρος

Διδασκαλία κατάληξης ρημάτων –ώνω

Την ώρα του μαθήματος ακούω προσεχτικά τις οδηγίες της κυρίας, για να φτιάξω σωστά την κατασκευή. Διπλώνω το χαρτί στα δύο, σημειώνω πού πρέπει να τρυπήσω. Ξαναδιπλώνω και ζωγραφίζω. Στο τέλος το ξεδιπλώνω και εμφανίζεται το σχέδιό μου. Πόσο θυμώνω όταν δεν μου πετυχαίνει!

Σοφία Πανίδου

- Υπογραμμίζουμε με μπλε χρώμα τα ρήματα.
- Κυκλώνουμε με πράσινο χρώμα όσα τελειώνουν σε –ώνω.
- Χρωματίζουμε με κόκκινο χρώμα την κατάληξη –ώνω.
- Διατυπώνουμε τον κανόνα.
- Βρίσκουμε κι άλλα ρήματα που να λήγουν σε –ώνω.
- Γράφουμε μια ιστορία με όσα από τα ρήματα του κειμένου και του πίνακα, που τελειώνουν σε –ώνω, θέλει κάθε παιδί.

Συμπληρώνω τα κενά με: -ω

Σήμερα στο σχολείο μιλήσαμε για τα επαγγέλματα. Ο φούρναρης ζημ__νει τα ψωμιά, ο γεωργός οργ__νει τα χωράφια, η μοδίστρα μπαλ__νει το παντελόνι και ο μάστορας καρφ__νει τα καρφιά στις σανίδες.

Όλα τα επαγγέλματα είναι χρήσιμα. Εγώ δεν έχω διαλέξει ακόμα ποιο μου αρέσει περισσότερο.

Σοφία Πανίδου

Συμπληρώνω τα κενά με: ι, η, οι, ει, ω

Πέντε ποντικοί και μία γάτα

Πέντε ποντικοί μουντζούροι
κι άλλοι τρεις αλευρομούρ__
μια φρεγάδα αρματ__σαν
ρύζ__ και φακ__ φορτ__σαν.
Μα στο πέλαγο που βγήκαν
μέθυσαν και τσακωθήκαν.
Πά__ ο ένας στο τιμόν__
πέφτ__ κάτω και θυμ__ν__.
Πά__ ο άλλος σε μια βάρκα
τον τσακ__ν__ μια γάτα.

Λαϊκό
«Παπαρούνα Κόκκινη», Ζωή Βαλάση

Συμπληρώνω τα κενά με: ι, υ, η, ει, ω

Ο Μάρτης και η μάνα του

Τον γνωρ__ζετε το Μάρτ__,
τον τρελό και τον αντάρτ__;
Ξημερ__ν__ και βραδιάζει
κι εκατό γνώμες αλλάζ__.

Βάζ__ η μάνα του μπουγάδα,
σχοιν__ δ__ν__ στη λιακάδα,
τα σεντόνια της ν' απλ__σ__,
μια χαρά να τα στεγν__σ__.

Να που ο Μάρτης μετανι__ν__
και τα σύννεφα μαζ__ν__
και να μάσ__ η μάνα τρέχ__
τα σεντόνια, γιατί βρέχ__!

Να ο ήλιος σε λιγάκ__,
φύσηξε το βοριαδάκ__,
κι η φτωχ__ γυναίκα μόν__
τα σεντόνια ξαναπλ__ν__.

Μια βροντ__ κι ο ήλιος χάθ__
μες της συννεφιάς τα βάθη,
ρίχν__ και χαλάζ__ τώρα,
ποποπό, τι άγρια μπόρα!

Ως το βράδ__ φορές δέκα
άπλωσε η φτωχ__ γυναίκα
την μπουγάδα, κι όρκο δίν__
Μάρτη να μην ξαναπλύν__.

Ρίτα Μπούμη-Παπά,
Ανθολόγιο για παιδιά δημοτικού, Α΄Μέρος

Διδασκαλία κατάληξης μετοχής σε -οντας

Το πούλμαν

Χτες το πρωί πήγαμε εκδρομή με το λεωφορείο, στο Παγγαίο. Ήμουν πολύ χαρούμενη, γιατί ήταν η πρώτη φορά που ταξίδευα με πούλμαν. Η ώρα πέρασε ευχάριστα λέγοντας αστεία, πειράζοντας ο ένας τον άλλο και μοιράζοντας χαμόγελα και φιλιά στους περαστικούς. Τα παιδιά διασκέδαζαν παίζοντας τρίλιζα και κρεμάλα. Άλλοι απολάμβαναν τη φύση από το παράθυρο και αρκετοί συζητούσαν μεταξύ τους τρώγοντας και πίνοντας. Το ταξίδι ήταν ξεκούραστο και η διαδρομή φανταστική.

Μαρία Οδατζίδου

- Υπογραμμίζουμε με μπλε χρώμα τις μετοχές.
- Κυκλώνουμε με πράσινο χρώμα τις καταλήξεις -οντας.
- Διατυπώνουμε τον κανόνα.
- Βρίσκουμε κι άλλες μετοχές με την ίδια κατάληξη και επαναλαμβάνουμε τον κανόνα ορθογραφίας τους.
- Γράφουμε μια μικρή ιστορία χρησιμοποιώντας αυτές τις μετοχές.

Συμπληρώνω τα κενά με: -οντας

Η μέρα μας πέρασε παίζ__ντας στην αυλή. Τώρα έχει νυχτώσει και το φεγγάρι αρχίζει να φαίνεται, φωτίζ__ντας τον ουρανό. Μου αρέσει να ξαπλώνω στο γρασίδι και να χαζεύω τα αστέρια, πλάθ__ντας ιστορίες για πλανήτες μακρινούς.

Σοφία Πανίδου

Διδασκαλία κατάληξης μετοχής σε -ώντας

Ο κύριος Νώντας

Σηκώνεται κάθε πρωί, τεντώνει το κορμί
χαμογελώντας, ο κύριος Νώντας.
Πλένει το πρόσωπό του, στον καθρέφτη του
κοιτώντας, ο κύριος Νώντας.
Είναι καλός κι αστείος και σιγοτραγουδάει
περπατώντας, ο κύριος Νώντας.
Μα το ρυθμό τον χάνει σε κάθε πέτρα
σκουντουφλώντας, ο κύριος Νώντας.
Και το καπέλο ψάχνει που πήρε ο άνεμος
φυσώντας, ο κύριος Νώντας.

Σοφία Πανίδου

- Υπογραμμίζουμε με μπλε χρώμα τις μετοχές.
- Κυκλώνουμε με πράσινο χρώμα τις καταλήξεις -ώντας.
- Εντοπίζουμε την διαφορά στην ορθογραφία και χρωματίζουμε με κόκκινο χρώμα το -ώ.
- Διατυπώνουμε τον κανόνα. (Είπαμε στα παιδιά, για να το θυμούνται ευκολότερα, πως όταν το -ο- τονίζεται, ο τόνος πέφτει πάνω του σαν κεραυνός και το σπάει, δημιουργώντας το -ω-).
- Βρίσκουμε κι άλλες μετοχές με την ίδια κατάληξη και επαναλαμβάνουμε τον κανόνα ορθογραφίας τους.
- Γράφουμε μια μικρή ιστορία χρησιμοποιώντας αυτές τις μετοχές.

Συμπληρώνω τα κενά με: -ώντας

Χοροπηδ__ντας και γελ__ντας
και γλυκά φιλιά σκορπ__ντας
τους φίλους αποχαιρετάμε
το σχολείο το ξεχνάμε
κι όλοι διακοπές θα πάμε!!!

Σοφία Πανίδου

Συμπληρώνω τα κενά με: η, ει, ο

Το ουράνιο τόξο
Μόλις σταματήσ__ η βροχ__
κι οι αχτίνες του ήλιου ξεπροβάλουν,
χρώματα ξεχύνονται στη γ__
και τη φύσ__ όλ__ περιβάλλουν.

Το ουράνι__ τόξ__ σαν φαν__,
η χαρά φωλιάζ__ στην καρδιά μου
και η λύπ__ τρέχ__ να κρυφτ__,
διώχν__ντας τα σύννεφα μακριά μου.

Η γλώσσα μου, Β΄δημοτικού

Συμπληρώνω τα κενά με: η, ο, ω

Οι πεταλούδες βοηθούν

«Ο επιθεωρητής των κήπων έρχεται», ακούστηκε μια δυνατ__ φων__. Χιλιάδες πεταλούδες, ξετρυπ__νοντας απ' τους φράχτες, πέταξαν γελ__ντας πάνω στα γυμνά κοτσάνια και βάλθηκαν να παρασταίνουν τα λουλούδια, που αμέριμνα εξακολουθούσαν να κοιμούνται μέσα στη γ__.

Η γλώσσα μου, Β' δημοτικού

Συμπληρώνω τα κενά με: ι, η, ει, ο, ω

Η Ελένη

Η Ελέν__ πήγε το πρω__ με τη μαμά της στην αγορά για ψώνια. Βγήκε από το μαγαζ__ κρατ__ντας μια μεγάλ__ τσάντα. Αγόρασε ένα ωραί__ παιχνίδ__ για να το χαρίσ__ στη μικρ__ της αδερφ__, που έχ__ σήμερα τη γιορτ__ της. Ήρθε στο σπίτ__ τρέχ__ντας. Από τη βιασύν__ να δώσ__ το δώρ__ στην αδερφ__ της, χτύπησε το πόδ__ της πηδ__ντας το φράχτη της αυλής.

Μαρία Οδατζίδου

Συμπληρώνω τα κενά με: η, ι, αι, ο, ω, ει

Κάθε χρόνο

Κάθε χρόνο πηγ__ν__ στο χωρι__ του πατέρα μου. Συναντ__ τους φίλους μου και περνάμε ατέλειωτες ώρες μαζί. Οι ημέρες μας περνούν κολυμπ__ντας στην κοντιν__ θάλασσα, βουτ__ντας από τα βράχια,μαζεύ__ ντας κοχύλια ή φτιάχν__ντας πύργους στην άμμο και συζητ__ντας για τη χρονιά που πέρασε.

Όταν ο καιρός δεν είναι πολύ καλός για κολύμπ__, περνάμε την ημέρα μας εξερευν__ντας το δάσος που είναι λίγο πιο έξω από το χωρι__ή κάν__ντας ποδήλατ__.

Τα καλοκαίρια μου στο χωρι__ είναι απίθανα. Γνωρίζ__ντας μάλιστα πόσο δύσκολ__είναι να βρεις ελεύθερο χώρο για παιχνίδ__ στην πόλ__, δεν αφήν__ την ευκαιρία να πά__ χαμέν__.

Παναγιώτη Παπαντωνίου- Εύη Τσολακίδου,
Ορθογραφία-θεωρία-ασκήσεις, Γ΄ δημοτικού

Συμπληρώνω τα κενά με: ι, ει, η, υ, ο, ω

Η άνοιξη

Η άνοιξ__ φτάν__ στο τέλος της, σε λίγο θα έρθ__ το καλοκαίρ__. Τα παιδιά ετοιμάζουν τις γιορτές τραγουδ__ ντας χαρούμενα. Το σχολεί__ θα κλείσ__ και όλ__ θα ξεκουραστούν. Θα περάσουν τις διακοπές τους παίζ__ ντας, κολυμπ__ντας στη θάλασσα και γελ__ντας με τους φίλους τους! Περιμ__ν__ με λαχτάρα να κάνουμε την τελικ__ γιορτ__, είμαστε σχεδόν έτοιμ__. Θα είναι ένα αξέχαστ__ βράδ__ στο θεατράκ__ του σχολείου. Ελπ__ζ__ να κάν__ καλό καιρό και να περάσουμε υπέροχα!

Σοφία Πανίδου

Συμπληρώνω τα κενά με : ι, η, ει, ε, αι, ο, ω

Η Μαρίνα

Η Μαρίνα άκου__ ξαφνικά μια φων__ πίσω από το σπίτ__ του παππού της. Το σκυλάκ__ της, ο Φρίξος, άρχ__ζ__ να γαβγ__ζ__. Πριν προλάβ__ να το πιάσ__, φεύγ__ τρέχ__ντας και το χάν__ από τα μάτια της. Η Μαρίνα το ακολουθ__ βαδίζ__ντας γρήγορα. Πηγ__ν__ στην πίσω αυλ__ και βλέπ__ τον παππού της, τον Γιώργη να δ__ν__ το άλογ__. Του καθαρ__ζ__ τις οπλές και το χτεν__ζ__ με μια βούρτσα.
-Το απόγευμα θα σε πά__ μια βόλτα! της λέ__ χαμογελ__ντας.

Ελισσάβετ Βασιλειάδου

Συμπληρώνω τα κενά με : ι, η, ει, ε, αι, ο, ω

Στο δρόμο για το σχολείο

Κάθε πρω__ πηγ__ν__ χαρούμεν__ στο σχολεί__, χοροπηδ__ντας και γελ__ντας. Στο δρόμο συναντ__ την φίλ__ μου την Άννα. Είναι η διπλαν__ μου στο θρανί__. Το μεσημέρ__, επιστρέφ__ντας σπίτ__, μ__ν__ για λίγο στο πάρκ__ για να παίξ__. Μου αρέσ__ να κάν__ κούνια τραγουδ__ντας. Ξέρ__ πολλά τραγούδια και προσπαθ__ να τα τραγουδ__ με ωραία φων__. Μετά από λίγ__ ώρα ανηφορ__ζ__ στο σπίτ__. Με περιμ__ν__ η μαμά για φαγητ__ και δεν πρέπ__ να αργ__!

Μαρία Οδατζίδου

Κρυπτόλεξο με ρήματα σε -ιζω

(9 ρήματα, οριζόντια, κάθετα, διαγώνια)

μ	ο	λ	β	γ	π	ο	τ	ι	ζ	ω	κ	ψ	η
υ	κ	ζ	η	υ	ι	ψ	χ	ω	υ	δ	φ	ω	λ
ρ	α	κ	ρ	ε	φ	υ	ζ	ψ	γ	τ	ι	ν	α
ι	λ	τ	ν	ω	κ	ι	ψ	δ	ι	γ	ο	ι	τ
ζ	κ	λ	μ	ν	φ	ζ	ρ	θ	ζ	ψ	τ	ζ	χ
ω	φ	χ	υ	α	κ	μ	λ	ι	ω	ο	ι	ω	θ
κ	γ	σ	ρ	α	ν	τ	ι	ζ	ω	σ	τ	ξ	λ
β	χ	γ	ι	θ	τ	γ	ρ	τ	π	υ	ι	τ	η
χ	ω	φ	α	ω	ψ	ζ	τ	ε	γ	η	ο	ι	κ
ζ	α	ω	β	ψ	ζ	μ	φ	δ	χ	λ	θ	γ	π
λ	ω	χ	σ	τ	φ	τ	χ	τ	ε	ν	ι	ζ	ω
ψ	η	φ	ι	ζ	ω	ο	ω	μ	δ	θ	α	ρ	σ
γ	ζ	ψ	ο	ξ	ε	σ	τ	ο	λ	ι	ζ	ω	τ
α	δ	φ	τ	ρ	υ	γ	β	φ	χ	ζ	υ	τ	α

Μαρία Οδατζίδου

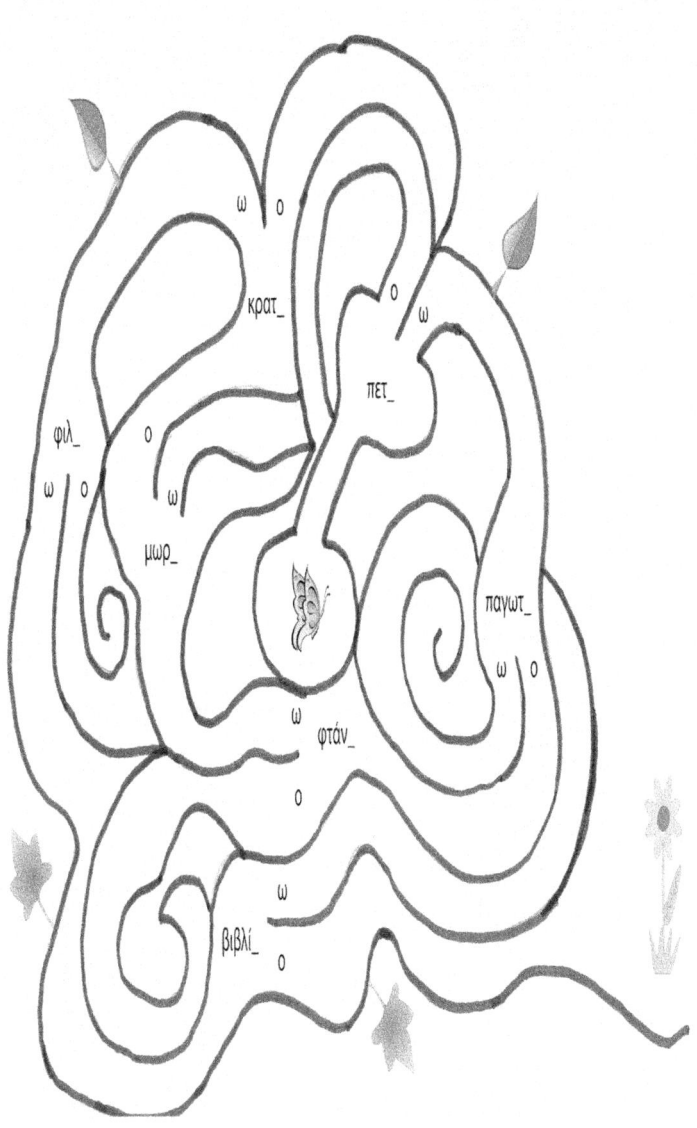

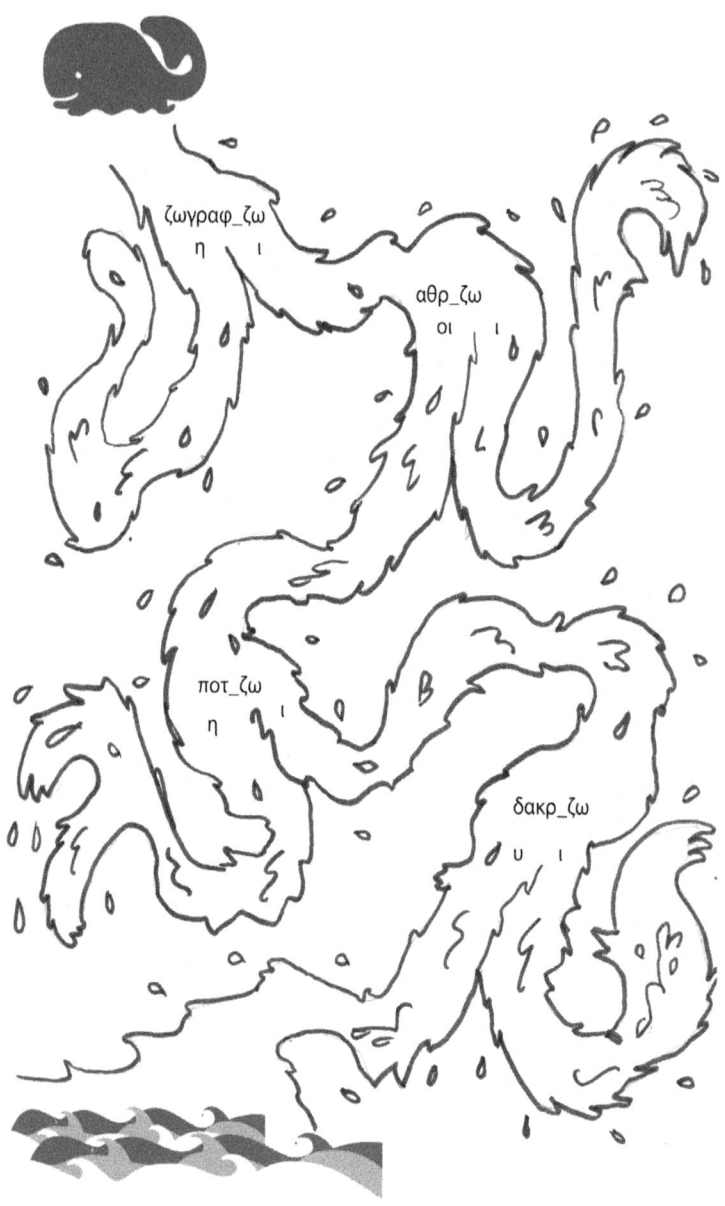

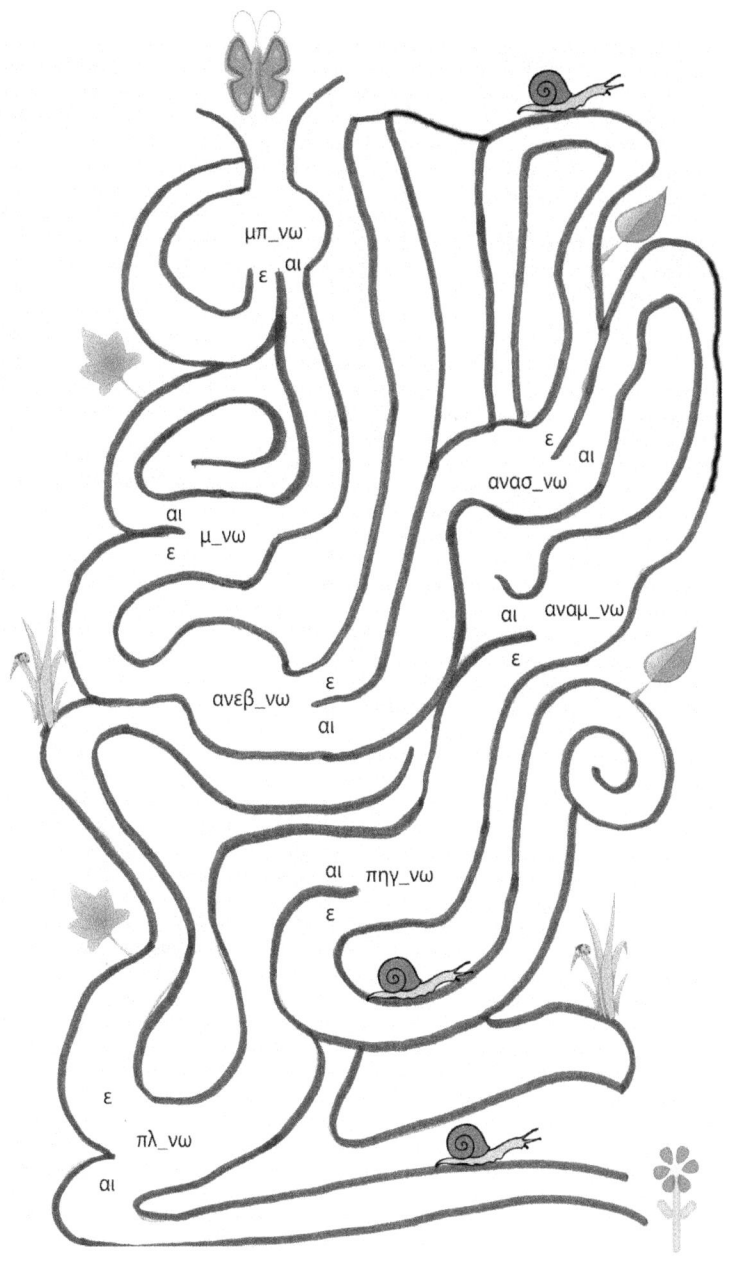

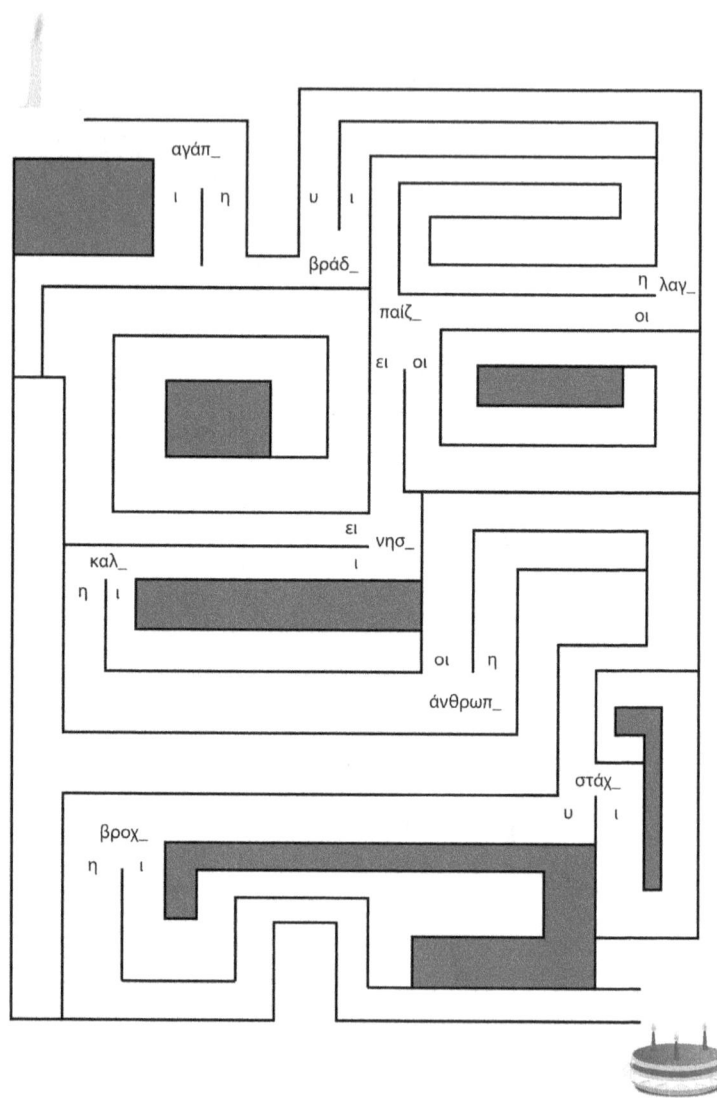

Β' μέρος, ύλη Γ' τάξης

Άγνωστη ορθογραφία για αρχική αξιολόγηση
Επιστροφή στο σχολείο

Πέρασε το καλοκαίρι. Ήρθε ο Σεπτέμβριος κι άνοιξαν τα σχολεία. Το πρωί η αυλή του σχολείου μας ήταν γεμάτη με παιδιά. Φέτος πηγαίνω στην τρίτη τάξη. Είμαι πολύ χαρούμενη, γιατί συνάντησα όλους τους συμμαθητές μου, τις συμμαθήτριές μου και την καινούρια μου δασκάλα.

Μαρία Οδατζίδου

Η καινούρια σχολική χρονιά άρχισε! Όλοι οι μαθητές και οι μαθήτριες γυρίζουν στο σχολείο τους. Φέτος πηγαίνω στην τρίτη τάξη. Είμαι πια μεγάλο παιδί. Πηγαίνω στο δημοτικό σχολείο. Κάθε μέρα διαβάζω και γράφω στα βιβλία και στα τετράδιά μου. Μου αρέσουν τα καινούρια μαθήματα.

Σοφία Πανίδου

Επαναληπτικές ασκήσεις

Συμπληρώνω τα κενά με: –ι-

Έγια μόλα, έγια λέσα, τα κουπιά, φύσα αέρα το πανάκ__, στα βαθιά. Σαν δελφίν__ τρέχει η βάρκα, φεύγει στο φτερό, το γαλάζιο κύμα κόβει σχίζει το νερό. Φύσα αέρα το πανάκ__, φύσα το μ' ορμή, κράτα ίσια το τιμόν__, κράτα το γραμμή.

Αναγνωστικό Γ ' Δημοτικού

Ο.Ε.Σ.Β

Αθήνα 1957

Συμπληρώνω τα κενά με: ι,η

Πετάει το μαγικό χαλ__
με το χαλίφη τον Αλή
αχτίδα χαλινάρ__
η φαντασία παζάρ__.

Τσακίζει ο ήλιος σαν γυαλ__
βροχ__ φλουριά η ανατολ__
διαμάντια σαν χαλάζ__
χαλίκια από τοπάζ__.

Τινάζονται τζίνια του νου
χαλάλι η βόλτα του ουρανού
του κόσμου η τάξ__ σπάει
στη γ__ άστρα σκορπάει.

Χαλάει και λόγος και ειρμός
της Χαλιμάς ο λογισμός
του φεγγαριού ρεβίθια
κεντάει στα παραμύθια.

«Λεξοσκανταλιές»
Θέτη Χορτιάτη, Ελληνικά Γράμματα

Συμπληρώνω τα κενά με: ι,η

Φθινόπωρο

Χειμώνιασε και φεύγουν τα πουλιά,
γοργά ο πελαργός τα πελαγώνει
κι η φλύαρ__ χελιδονοφωλιά
χορτάριασε παντέρημ__ και μόν__.
Του σπίνου χάθηκε η γλυκιά λαλιά,
φοβήθηκε ο μελισσουργός το χιόν__
κι η σουσουράδα κάτω στην ακρογιαλιά
δεν τρέχει, δεν πηδά, δεν καμαρώνει.
Στης λυγαριάς τ' ολόξερο κλαδ__
του φθινοπώρου φτωχικό παιδ__,
Ο καλογιάνος πρόσχαρος προβάλλει
με λόγια ταπεινά και σιγανά.
Μικρός προφήτης, φτερωτός μηνά
την άνοιξ__, που θα γυρίσει πάλι.

Γ.Δροσίνης
Αναγνωστικό Γ' Δημοτικού ΕΛΛΗΝΟΠΟΥΛΑ»
Ο.Ε.Σ.Β, Αθήνα, 1947

Συμπληρώνω τα κενά με: ι,η,υ,οι

Συναυλία

Της δεξαμενής οι βαθρακ_
βράδ_,βράδ_στήσανε χορό,
κι έχουν συναυλία μαγευτικ_
μες στο καταπράσινο νερό.
Λέει ο πιο τρανός στην κομπανία:
«Βρεκεκέξ! το τέμπο να κρατείτε.
Κουά! κουά! κουά!.. Με πάθος να το πείτε».
Θε μου, τι ουράνια μελωδία!
Τα πουλιά στο δέντρο τα 'χουν χάσει,
το φεγγάρ_ακούει από ψηλά·
βαθρακ._,.σεγκόντ_, πρίμ_,μπάσ_,
τραγουδούν ντο, ρε, μι, φα, σολ, λα...
Άξαφνα σε φύσημα ελαφρό
βλέπουν ένα φύλλο που 'χε πέσει.
Το τραγούδ κόπηκε στη μέσ_
μπλουμ! χαθήκαν όλ_στο νερό.

Ζαχαρίας Παπαντωνίου
Η γλώσσα μου, για την δ' δημοτικού
Ο.Ε.Δ.Β. Αθήνα

Συμπληρώνω τα κενά με: ι,η,οι,ει

Χειμώνας

Με το κατάλευκό του σάλ__
πάνω στη ράχ__ τη σκυφτ__,
ο γέρος ο χειμώνας πάλι
στους κρύους δρόμους περπατ__

Έρημ__ οι δρόμ__, έχουν μουσκέψ__
απ' τη βροχούλα την αργ__,
κι είναι τα σπίτια σαν σε σκέψη
πεσμένα και σε συλλογ__.

Η στέγ__, η υγρ__ στις πλάκες στάζ__,
και της κουρτίνας τη γωνιά
μεριάζ__ η γριούλα και και κοιτάζ__
της γειτονιάς την παγωνιά.

Μα η βροχ__ μόνο μουρμουρίζ__
στα τζάμια κάποιο μυστικό
κι αργά ο χειμώνας σεργιανίζ__
στο δρόμο τον ερημικό.

Μιχαήλ Στασινόπουλος

Συμπληρώνω τα κενά με: ι,η,ει,αι,ο,ω

Τραγούδι κοριτσιού

Δύο συ και τρία γω,
πράσιν_ πεντόβολ__
μπ__ν_ μέσα στον μπαξέ,
γεια σου, κύριε Μενεξέ
Συντριβάν_και νερ_
και χαμέν μου όνειρ_
Τζίντζιρας τζιντζίρισε,
το ροδάν_γύρισε.
Χοπ! αν κάνω δεξιά
πέφτ_πάνω στη ροδιά.
Χοπ! αν κάνω αριστερά
πάνω στη βατομουριά.
Το να χέρ_μου κρατ__
μέλισσα θεόρατ__
τ' άλλο στον αέρα πιάν__
πεταλούδα που δαγκάν__

Οδυσσέας Ελύτης

Συμπληρώνω τα κενά με: ο,ω,η,ει,ι

Λούνα Πάρκ, παππούλη μου!

Έχ_ μαγικό παππούλη
που 'ναι λούνα παρκ τρελ_
έχει γόνατα αλογάκια
δίν_μια και καβαλ_

κάν_ κούνια σε δυο χέρια
και τσουλήθρα σ' αγκαλιά
παίζ_ένα βουβ_ταμπούρλ_
τη μεγάλ_του κοιλιά

φέγγουν πάνω του λαμπιόνια
μάτια πίσω από γυαλιά
τραγουδά_ βραχν_ κασέτα
και λαλ_ σοφ_ μιλιά.

Έχ_τσέπες μαγαζάκια
νύχτα μέρα ανοιχτά
παίρν_τσίκλες σοκολάτες
κι ό,τι θες χωρίς λεφτά.
μα πληρών_ εισιτήρι_
κι είναι ακριβ_πολύ
για να μπ_στο λούνα παρκ μου
δίν_ σφυριχτ_φιλ _.

Θέτη Χορτιάτη
Ανθολόγιο Λογοτεχνικών Κειμένων
Στο σχολείο του κόσμου, Γ' και Δ΄τάξη

Συμπληρώνω τα κενά με:ι,η,ει,ο,ω

Ψιχαλίζει, ψιχαλίζει
Ψιχαλ_ζ__, ψιχαλ_ζ__
στη μικρ_ μας την αυλ_...
Το φθινόπωρ_ αρχ_ζ_,
τ' αγαπ_ πολύ πολύ.
Το 'χ_μέσα στην καρδιά μου
και πετά_ απ' τη χαρά
να μαζεύ_στην ποδιά μου
φύλλα κίτρινα, ξερά.
Ψιχαλ_ζ_, ψιχαλ_ζ __
στο δρομάκ το στεν_
κι ένα σύννεφ_μαυρ_ζ_
κει ψηλά στον ουρανό.
Και στον τσίγκο μας απάνω
έγινε καλ__αρχ__!
Ήρθε να μας παίξει πιάν__
αχ, η δεσποινίς βροχ__

Ψιχαλ__ζ__,ψιχαλ__ ζ__.
Ένα σπουργιτάκ__ εδώ
μες στην μπόρα τουρτουρ__ζ__
δεν προφταίν__να το δ__.
Θε μου, όταν πιάν__μπόρα,

τα παιδάκια τα φτωχά
και τα σπουργιτάκια τώρα,
μην τ' αφήν__ μοναχά...

Κι έτσι, όταν ψιχαλ__ζ__
στη μικρ___ μας την αυλ__
το φθινόπωρ__ που αρχ __ζ __
θα μ' αρέσ__ πιο πολύ!»

Μάρλεν Κεφαλίδου

Διαδίκτυο

Συμπληρώνω τα κενά με: ι,η,ει,αι,ο,ω

Η Ειρήνη

Κάθε Κυριακ__ η Ειρήν__ πηγ__ν__ στο χωρι__, στο σπίτ__ της γιαγιάς της.

Εκεί περνά__ τη μέρα της παίζ__ντας με το σκυλάκ__, κάν__ντας ποδήλατ__, βοηθ__ντας τη γιαγιά στις δουλειές και συζητ__ντας με τη φίλ__ της την Ισμήν__ για το σχολεί__.

Της αρέσ__ να παίζ__, να ζωγραφ__ζ__, να τραγουδά__, να ταΐζ__ το
σκύλο της και να σκαρφαλ__ν__ στα δέντρα.

Περνά__ όμορφα στο χωρι__.

Μαρία Οδατζίδου

Διδασκαλία καταλήξεων ρημάτων: -με

ΜΑΚΑΡΙ

Τα παιδιά στην τάξη συχνά κάνουν το μάθημα παιχνίδι. Σήμερα παίζουν με προτάσεις που έχουν μέσα το «θα ήθελα» και το «μακάρι». ΕΝΑ ΚΟΡΙΤΣΙ: Θα ήθελα να πηγαίναμε αύριο εκδρομή.
ΟΛΗ Η ΤΑΞΗ: Μακάρι να πηγαίναμε!
ΕΝΑ ΑΓΟΡΙ: Θα ήθελα να κάναμε κάθε μέρα γυμναστική.
ΟΛΗ Η ΤΑΞΗ: Μακάρι να κάναμε!
ΕΝΑ ΚΟΡΙΤΣΙ: Θα ήθελα ν' άφηναν εμάς τα παιδιά μια βδομάδα να κυβερνήσουμε τον κόσμο.
ΟΛΗ Η ΤΑΞΗ: Μακάρι να μας άφηναν!
ΕΝΑ ΑΓΟΡΙ: Εσείς, κυρία, τι θα θέλατε;
ΔΑΣΚΑΛΑ: Θα ήθελα, Νικόλα, να γινόμουν πάλι παιδί σαν εσάς.

Γλώσσα Β'Δημοτικού Τεύχος Α ΟΕΔΒ

- Υπογραμμίζουμε με μολύβι όλα τα ρήματα.
- Κυκλώνουμε με πράσινο χρώμα που είναι σε α' πρόσωπο, πληθυντικού αριθμού.
- Κυκλώνουμε με κόκκινο χρώμα την κατάληξη –με
- Βρίσκουμε και άλλα ρήματα με την ίδια κατάληξη.
- Ανακαλύπτουμε και διατυπώνουμε τον κανόνα, τον γράφουμε στον πίνακα και στο τετράδιο.
- Γράφουμε μια ιστορία χρησιμοποιώντας ρήματα που έχουμε γράψει στον πίνακα.

Συμπληρώνω τα κενά με: -με

Τζατζίκι
1. Χρειαζόμαστε: γιαούρτι στραγγιστό, αγγούρι, λάδι, σκόρδο, ξίδι, και αλάτι.
2. Κόβουμ__ το αγγούρι σε μικρά κομματάκια.
3. Βάζουμ__ το γιαούρτι σε ένα μπολ, ρίχνουμ__ λάδι, ξίδι, αλάτι και το αγγούρι.
4. Τρίβουμ__ το σκόρδο στον τρίφτη και το προσθέτουμ__ στο μπολ.
5. Τέλος, ανακατεύουμ__ καλά και σερβίρουμ__.

Συμπληρώνω τα κενά με: η,ε

Οι φίλες
Με την Αντιγόν__ γίναμ__ πολύ καλές φίλες. Ταιριάζουμ__ πάρα πολύ. Όταν βρισκόμαστ__, συζητάμ__, παίζουμ__ τ' αγαπημένα μας παιχνίδια και βλέπουμ__ ορισμένες εκπομπές στην τηλεόρασ__. Πηγαίνουμ__ στην ίδια τάξ__, έχουμ__ το ίδιο ύψος και είμαστ__ άριστες μαθήτριες. Βοηθάμ__ η μία την άλλη και βρίσκουμ__ τρόπους να ξεπερνάμ__ τα προβλήματα.
Είμαστ__ αγαπημένες φίλες.

Μαρία Οδατζίδου

Διδασκαλία κατάληξης ρημάτων σε -μαι

Πρωινό ξύπνημα

Το ξυπνητήρι χτυπάει. Τεντώνομαι στο κρεβάτι μου, ανοίγω τα μάτια μου, αλλά σε λίγο τα ξανακλείνω. Δεν κοιμάμαι, χουζουρεύω. Ακούω με τα μάτια κλειστά τους πρώτους ήχους της καινούριας μέρας. Απ' το δρόμο φτάνει στ' αυτιά μου ένα μουγκρητό. Περνάει ένα φορτηγό. Σε λίγο τα φρένα σκούζουν. Βαγγέληηη! Έλα, φύγαμε! Φωνάζει κάποιος. Έφτασα! Αποκρίνεται μια αντρική φωνή. Απ' το διπλανό διαμέρισμα ακούγονται κλάματα. «Το μωρό ξύπνησε», σκέφτομαι. Στο σαλόνι η μητέρα πηγαινοέρχεται. Στο ραδιόφωνο οι ειδήσεις τελείωσαν. Η πρωινή εκπομπή συνεχίζεται με χαρούμενα τραγούδια. Σηκώνομαι από το κρεβάτι και ανοίγω τις κουρτίνες. Ο ήλιος λάμπει. Στο ραδιόφωνο ακούγεται το αγαπημένο μου τραγούδι.

Ντίνα Χατζηνικολάου
Η γλώσσα μου, Β Δημοτικού
Τεύχος Α, Ο.Ε.Δ.Β

- Υπογραμμίζουμε με μολύβι όλα τα ρήματα.
- Κυκλώνουμε με πράσινο χρώμα που είναι σε α΄ πρόσωπο, ενικού αριθμού.

- Κυκλώνουμε με κόκκινο χρώμα την κατάληξη **-μαι**
- Βρίσκουμε και άλλα ρήματα με την ίδια κατάληξη.
- Ανακαλύπτουμε και διατυπώνουμε τον κανόνα, τον γράφουμε στον πίνακα και στο τετράδιο.
- Γράφουμε μια ιστορία χρησιμοποιώντας ρήματα που έχουμε γράψει στον πίνακα.

Συμπληρώνω τα κενά με: -μαι

Το ημερολόγιο της Βάσως

Δευτέρα, 27 Σεπτεμβρίου

Κάθομ__ κοντά στο παράθυρο και κοιτάζω το δρόμο. Βρέχει δυνατά και που και που βροντά. Χαίρομ__ που βλέπω τη βροχή.

Σάββατο, 2 Οκτωβρίου

Επισκέπτομ__ με τη μητέρα μου το σπίτι της θείας Αργυρώς. Δεν έχει παιδιά και βαριέμ__ στο σπίτι της. Εκείνη προσπαθεί να με διασκεδάσει.

Κυριακή, 3 Οκτωβρίου

Σήμερα χόρτασα ήλιο και παιχνίδι. Είχαμε βγει από νωρίς στην εξοχή. Α! Αυτή είναι ζωή! Γιατί να μη γίνεται αυτό κάθε μέρα;

Η γλώσσα μου, Β Δημοτικού

Τεύχος Α, Ο.Ε.Δ.Β

Συμπληρώνω τα κενά με: -με ή -μαι

Το παιχνίδι

Πολλές φορές συναντιόμαστε με τους φίλους μου στην πλατεία. Μας αρέσει να παίζουμ__ κρυφτό, ποδόσφαιρο και κυνηγητό. Καμιά φορά δεν μπορούμ__ να αποφασίσουμ__ ποιο απ'όλα να παίξουμ__. Εγώ βαρέμ__ όταν μαλώνουμ__ και προτείνω να ψηφίζουμ__. Χαίρομ__ όταν αποφασίζουμ__ όλοι μαζί.

Συγγραφική ομάδα

Στο κρυπτόλεξο κρύβονται **10** ρήματα σε – **ομαι** (οριζόντια και κάθετα). Προσπάθησε να τα βρεις και να τα γράψεις με μικρά γράμματα.

Δ	Β	Π	Λ	Ε	Ν	Ο	Μ	Α	Ι	Ν	Σ
Ε	Σ	Ψ	Ρ	Ω	Β	Ν	Ξ	Π	Α	Τ	Κ
Ν	Τ	Ι	Ε	Υ	Χ	Ο	Μ	Α	Ι	Υ	Χ
Ο	Ν	Δ	Α	Ν	Α	Υ	Ξ	Φ	Υ	Ν	Τ
Μ	Κ	Α	Θ	Ο	Μ	Α	Ι	Δ	Ε	Ο	Ε
Α	Π	Γ	Δ	Θ	Δ	Κ	Ζ	Κ	Ρ	Μ	Ν
Ι	Μ	Σ	Ε	Β	Ο	Μ	Α	Ι	Χ	Α	Ι
Γ	Ω	Γ	Υ	Π	Ρ	Ι	Δ	Ζ	Ο	Ι	Ζ
Υ	Β	Ο	Ω	Θ	Ο	Α	Ρ	Σ	Μ	Υ	Ο
Σ	Χ	Ν	Τ	Ρ	Ε	Π	Ο	Μ	Α	Ι	Μ
Η	Ζ	Π	Ο	Ι	Δ	Ζ	Κ	Γ	Ι	Μ	Α
Ψ	Ζ	Ε	Σ	Τ	Α	Ι	Ν	Ο	Μ	Α	Ι

1) .... 6) ....
2) .... 7) ....
3) .... 8) ....
4) .... 9) ....
5) .... 10) ....

Μαρία Οδατζίδου

Οικογένειες λέξεων

ΟΙΚΙΑ

Χτες το απόγευμα τα παιδιά βγήκαν βόλτα στη συνοικία. Ήθελαν να μαζέψουν ξερά φύλλα για να στολίσουν την τάξη τους.

Στο δρόμο παρατηρούσαν τα σπίτια της γειτονιάς. Άλλα ήταν μονοκατοικίες και άλλα πολυκατοικίες. Ένα σπίτι ήταν ανοιχτό και πολλοί άνθρωπο έμπαιναν και έβγαιναν.

- Ποιος κατοικεί εδώ; Ρώτησε η Ρηνούλα.

- Είναι οι καινούριοι μας γείτονες, μια οικογένεια με δύο παιδιά σαν εμάς, θα έρθουν στο σχολείο μας.

Μετά από λίγο έφτασαν στο οικόπεδο που έπαιζαν ποδόσφαιρο, πριν από λίγο καιρό. Τώρα οι οικοδόμοι χτίζουν μια καινούρια οικοδομή. Τα παιδιά πρέπει να παίζουν κάπου αλλού.

Ελισάβετ Βασιλειάδου

- Ανάγνωση, κατανόηση κειμένου
- Ανακαλύπτουμε και υπογραμμίζουμε με πράσινο χρώμα τις λέξεις που έχουν "μέσα τους" ένα κοινό κομμάτι.
- Κυκλώνουμε με κόκκινο χρώμα το "οικ"
- Βρίσκουμε και άλλες λέξεις της ίδιας οικογένειας και γράφουμε επίσης με κόκκινο το –οι-
- Ζωγραφίζουμε το σπιτάκι στο τετράδιο. Στη σκεπή γράφουμε τη "μητέρα" λέξη και στο σπίτι τις λέξεις της οικογένειας.
- Γράφουμε μια ιστορία χρησιμοποιώντας τις λέξεις που έχουμε γράψει στο σπίτι.

Συμπληρώνω τα κενά με: ι,η,οι,ε,ω

Το σπίτι μας

Το σπίτι μας είναι μονοκατ__κία. Έχ__ μια μεγάλ__ αυλ__ με γρασίδ__. Εκεί όταν είναι καλός ο καιρός παίζ__ μπάλα με τους φίλους μου. Είμαστε τυχερ__ που μ__νουμ__ έξω από την πόλ__, γιατί έχουμ__ χώρο για παιχνίδ__. Στις πόλεις οι __κογένειες κατ__κούν σε διαμερίσματα. Δύσκολα τα παιδιά να βρουν ελεύθερο __κόπεδο για να παίξουν. Σε όλα έχουν χτιστεί πολυκατ__κίες.

Σοφία Πανίδου

Συμπληρώνω τα κενά με: η,οι,ε,αι,ο

Άλλες κατοικίες

Η __κογένειά μου κι εγώ μ__νουμ__ στην πόλ__, σε ένα διαμέρισμα μιας μεγάλης πολυκατ__κίας. Άλλες __κογένειες έχουν δικ_ τους κατ__κία και άλλες ν__κιάζουν. Τα παιδιά που κατ__κούν εδώ πηγ__νουν στο 1º Δημοτικ__ Σχολεί__.

Σοφία Πανίδου

Στο κρυπτόλεξο κρύβονται **10** λέξεις της οικογένειας **οικία**(οριζόντια και κάθετα). Προσπάθησε να τις βρεις και να τις γράψεις ξανά με μικρά γράμματα.

Π	Τ	Π	Ο	Λ	Υ	Κ	Α	Τ	Ο	Ι	Κ	Ι	Α	Μ
Μ	Ρ	Κ	Ι	Ν	Λ	Α	Δ	Μ	Ι	Χ	Λ	Φ	Ζ	Ν
Ο	Σ	Ν	Κ	Ω	Τ	Τ	Ρ	Β	Κ	Ξ	Τ	Σ	Χ	Ο
Ν	Υ	Σ	Ο	Ρ	Χ	Ο	Ι	Κ	Ο	Π	Ε	Δ	Ο	Ι
Ο	Ν	Υ	Δ	Τ	Ε	Ι	Σ	Ψ	Γ	Ψ	Ν	Τ	Υ	Κ
Κ	Λ	Τ	Ο	Ε	Ρ	Κ	Χ	Η	Ε	Ω	Η	Θ	Ω	Ο
Α	Μ	Ω	Μ	Τ	Ω	Ι	Ρ	Ν	Ν	Ρ	Λ	Π	Τ	Κ
Τ	Α	Ε	Η	Ρ	Γ	Α	Β	Φ	Ε	Ω	Τ	Σ	Ε	Υ
Ο	Χ	Ο	Ι	Κ	Ο	Ν	Ο	Μ	Ι	Α	Ρ	Υ	Α	Ρ
Ι	Ψ	Μ	Χ	Γ	Μ	Θ	Φ	Υ	Α	Ζ	Σ	Ν	Κ	Α
Κ	Β	Ν	Ε	Ρ	Υ	Η	Ν	Ρ	Ξ	Μ	Α	Ο	Θ	Ι
Ι	Μ	Γ	Ο	Ξ	Κ	Μ	Μ	Ξ	Ο	Λ	Τ	Ι	Υ	Υ
Α	Ρ	Β	Ψ	Φ	Χ	Λ	Π	Κ	Μ	Ν	Λ	Κ	Τ	Β
Β	Ε	Ν	Ο	Ι	Κ	Ι	Α	Ζ	Ε	Τ	Α	Ι	Θ	Κ
Γ	Δ	Χ	Ζ	Β	Ε	Ξ	Ι	Ο	Λ	Π	Π	Α	Τ	Ν

1) .... 6) ....
2) .... 7) ....
3) .... 8) ....
4) .... 9) ....
5) .... 10) ....

Μαρία Οδατζίδου

ΓΕΙΤΟΝΙΑ

Στη γειτονιά μου

Χτες όλα τα γειτονόπουλα μαζευτήκαμε για να παίξουμε ποδόσφαιρο στο μοναδικό ελεύθερο χώρο της γειτονιάς μας: ένα χορταριασμένο οικόπεδο, όπου οι γείτονες βγάζουν βόλτα τα κατοικίδιά τους. Το παιχνίδι είχε ανάψει για τα καλά, όταν ύστερα από μια δυνατή κλοτσιά η μπάλα προσγειώθηκε στο τζάμι του μοναδικού σπιτιού, που γειτονεύει με το οικόπεδο. Μια κυρία βγήκε από το γειτονικό σπίτι και άρχισε να μας κυνηγά με ένα σκουπόξυλο. Μέσα σε δευτερόλεπτα είχαμε όλοι σκορπίσει.

Γλώσσα Γ' Δημοτικού

"Τα απίθανα μολύβια"

πρώτο τεύχος (σελ.42/άσκ.5)

- Ανάγνωση, κατανόηση κειμένου
- Ανακαλύπτουμε και υπογραμμίζουμε με πράσινο χρώμα τις λέξεις που έχουν "μέσα τους" ένα κοινό κομμάτι.
- Κυκλώνουμε με κόκκινο χρώμα το "γειτ-"
- Τονίζουμε με κόκκινο χρώμα το –ει-
- Βρίσκουμε και άλλες λέξεις της ίδιας οικογένειας και γράφουμε επίσης με κόκκινο το –ει-

- Ζωγραφίζουμε το σπιτάκι στο τετράδιο. Στη σκεπή γράφουμε τη "μητέρα" λέξη και στο σπίτι τις λέξεις της οικογένειας.
- Γράφουμε μια ιστορία χρησιμοποιώντας τις λέξεις που έχουμε γράψει στο σπίτι.

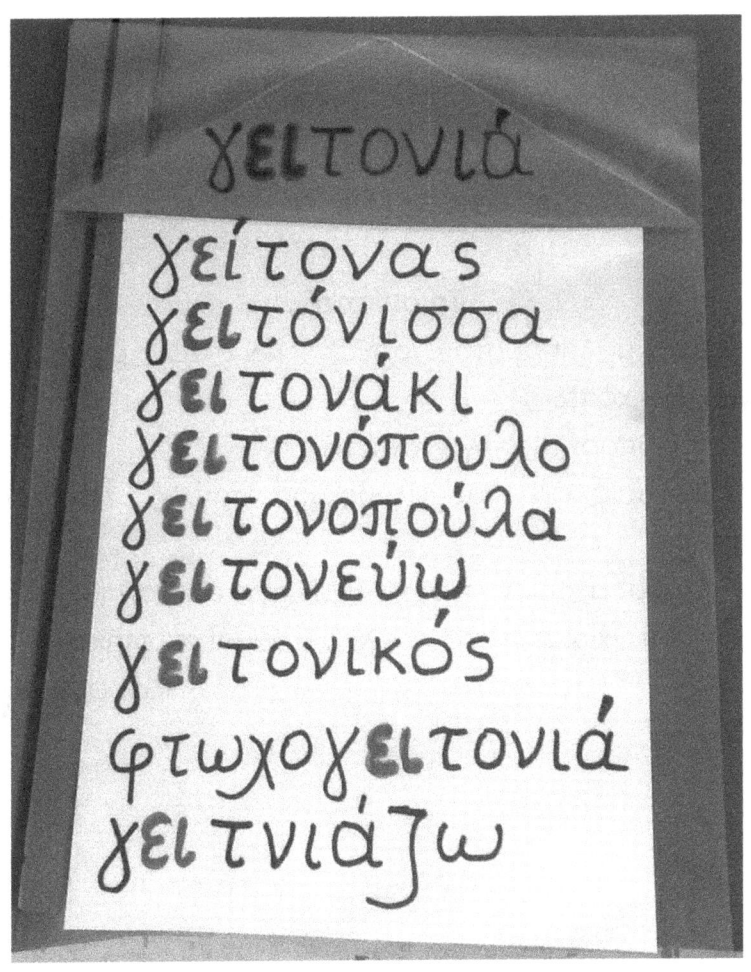

Συμπληρώνω τα κενά με: ι,η,ει,οι,ο,ω,ε,αι

Το οικόπεδο

Κάθ__μ__ μπροστά στο τζάκ__ και σκέφτ__μ__ το μεγάλ__ __κόπεδ__ που υπάρχ__ στη γ__τονιά μου.
Εκεί παίζ__ με τους φίλους μου όταν έχ__ ελεύθερο χρόνο.
Ακούσαμ__ όμως πως σε λίγο καιρό εκεί θα χτιστ__ μία μονοκατ__κία με μεγάλ__ αυλ__. Τι κρίμα! σκέφτηκα.

Μαρία Οδατζίδου

Συμπληρώνω τα κενά με: ι,ει,οι,ε,ο

Ο Μάρκος

Κοντά στο σπίτ__ μου υπάρχ__ ένα πάρκ__. Εκεί μαζευόμαστε όλα τα παιδιά της γ__τονιάς, τα γ__τονόπουλα και παίζουμ__. Είμαστε συνολικά δέκα παιδιά! Ο φίλος μου ο Μάρκος μ__ν__ στην ίδια πολυκατ__κία με μένα. Είναι ο πιο καλός μου φίλος. Μαζί πάμ__ κάθε πρω__ στον φούρνο της γ__τονιάς και αγοράζουμ__ κουλούρ__ για το σχολεί__.

Σοφία Πανίδου

Συμπληρώνω τα κενά με: η, ει, οι, ι, ε, αι, ο, ω

Στο μεγάλο πάρκο

Στη γ__τονιά μου κατ__κούν πολλές __κογένειες.Το σπίτ__ μου βρίσκεται δίπλα στης φίλ__ς μου της Μαρίνας. Στον ίδιο δρόμο μ__νουν και άλλοι πολλοί φίλ__ μας. Κάθε απόγευμα παίζουμ__ στο μεγάλο πάρκ__ της συν__κίας.Τις πιο πολλές φορές περνάμ__ πολύ ωραία. Τότε πηγ__νουμ__στο σπίτ__ μας χαμογελ__ντας. Κάποιες φορές μαλ__νουμ__ και φεύγουμ__ για το σπίτ__ μας κλαίγ__ντας.

Ελισάβετ Βασιλειάδου

ΚΟΛΥΜΠΩ

Ο Θοδωρής

Ο Θοδωρής λατρεύει τη θάλασσα, το κολύμπι και το ψάρεμα. Ώρες ατελείωτες κάνει μακροβούτια κάτω από τον καυτό ήλιο, συναγωνίζεται τους φίλους του και ψαρεύει. Είναι πολύ καλός κολυμβητής κι όλοι λένε πως κολυμπάει σαν δελφίνι. Το χειμώνα όταν έχει ελεύθερο χρόνο, πηγαίνει στο κολυμβητήριο που βρίσκεται στο γειτονικό χωριό.

Μαρία Οδατζίδου

- Ανάγνωση, κατανόηση κειμένου
- Ανακαλύπτουμε και υπογραμμίζουμε με πράσινο χρώμα τις λέξεις που έχουν "μέσα τους" ένα κοινό κομμάτι.
- Κυκλώνουμε με κόκκινο χρώμα το "κολύμπ-"
- Τονίζουμε με κόκκινο χρώμα το γράμμα -υ-
- Βρίσκουμε και άλλες λέξεις της ίδιας οικογένειας και γράφουμε επίσης με κόκκινο το –υ-
- Ζωγραφίζουμε το σπιτάκι στο τετράδιο. Στη σκεπή γράφουμε τη "μητέρα" λέξη και στο σπίτι τις λέξεις της οικογένειας.
- Γράφουμε μια ιστορία χρησιμοποιώντας τις λέξεις που έχουμε γράψει στο σπίτι.

Συμπληρώνω τα κενά με: ι,υ,ει,οι

Τα δελφίνια

Τα δελφίνια ζουν σε όλες τις θάλασσες της γης. Είναι τα πιο έξυπνα θηλαστικά της θάλασσας. Κολ__μπούν γρήγορα και τους αρέσ__ η παρέα των ανθρώπων. Πολλ__ κολ__μβητές έχουν γνωρ__σ__ από κοντά αυτούς τους θαυμάσιους κατ__κους του νερού. Στην Ελλάδα μπορ__ κανείς να συναντήσ__ δελφίνια να συντροφεύουν τα πλοία που ταξιδεύουν στα νησιά.

Σοφία Πανίδου

Συμπληρώνω τα κενά με: ι,η,ει,υ,οι,ο,ω,αι,ε,

Στο κολυμβητήριο

Κάθε Τετάρτ__ πηγ__ν__ στο κολ__μβητήρι__. Μαθ__ νουμ__ να κολ__μπάμ__ με διάφορους τρόπους: ελεύθερ__, ύπτιο, πεταλούδα και πρόσθιο. Φοράμ__ όλ__ ειδικά γυαλιά και σκουφάκ__ κολ__μβησης. Η μαμά μου λέ__ ότι το κολ__ μπ__ είναι η καλύτερ__ γυμναστικ__ για όλο το σώμα. Όταν μεγαλ__σ__ θέλ__ να γίν__ άριστ__ κολ__μβήτρια.

Σοφία Πανίδου

ΠΑΙΔΙ-ΠΑΙΖΩ

Μια παιδική χαρά στη γειτονιά μας

Η ξαδέρφη μου που ζει στην πόλη υποφέρει, γιατί δεν έχει ελεύθερο χώρο για παιχνίδι. Παίζει συνήθως στο σπίτι με τις φίλες της επιτραπέζια ή ηλεκτρονικά παιχνίδια. Η δασκάλα και οι συμμαθητές της αποφάσισαν να γράψουν ένα γράμμα στο δήμαρχο και να του ζητήσουν να κάνει στη γειτονιά τους μια παιδική χαρά, έναν παιδότοπο ή έστω έναν πεζόδρομο για να παίζουν τα παιδιά άφοβα, χωρίς να κινδυνεύουν από τ' αυτοκίνητα.

Μαρία Οδατζίδου

- Ανάγνωση, κατανόηση κειμένου
- Ανακαλύπτουμε και υπογραμμίζουμε με πράσινο χρώμα τις λέξεις που έχουν "μέσα τους" ένα κοινό κομμάτι.
- Κυκλώνουμε με κόκκινο χρώμα το "-παι-"
- Τονίζουμε με κόκκινο χρώμα το γράμμα –αι-
- Βρίσκουμε και άλλες λέξεις της ίδιας οικογένειας και γράφουμε επίσης με κόκκινο το –αι-
- Ζωγραφίζουμε το σπιτάκι στο τετράδιο. Στη σκεπή γράφουμε τη "μητέρα" λέξη και στο σπίτι τις λέξεις της οικογένειας.
- Γράφουμε μια ιστορία χρησιμοποιώντας τις λέξεις που έχουμε γράψει στο σπίτι.

Συμπληρώνω τα κενά με: ι, η, ει,αι,οι,ω

Η παιδική χαρά

Κοντά στο σπίτ__ μας υπάρχ__ μια μικρ__ π__δικ__ χαρά. Όταν τελει__ν__ τα μαθήματά μου τρέχ__ εκεί για να συναντήσ__ τους φίλους μου. Μας αρέσ__ να π__ζουμ__ όλοι μαζί, να τρέχουμ__ και να γελάμ__. Όταν βρέχ__ και δεν μπορ__ να βγ__ έξω, π__ζ__ με την αδερφ__ μου επιτραπέζια π__χνίδια ή πάμ__ με την __κογένειά μας σε κάποιο π__δότοπο.

Σοφία Πανίδου

Στο κρυπτόλεξο κρύβονται **10** λέξεις της οικογένειας **παιδί** (οριζόντια και κάθετα).
Προσπάθησε να τις βρεις και να τις γράψεις ξανά με μικρά γράμματα.

Δ	Β	Π	Α	Ι	Δ	Ο	Τ	Ο	Π	Ο	Σ
Ε	Σ	Α	Ρ	Ω	Β	Ν	Ξ	Π	Α	Τ	Κ
Κ	Τ	Ι	Π	Ω	Π	Τ	Υ	Α	Ι	Ψ	Μ
Π	Ν	Δ	Α	Ν	Α	Υ	Ξ	Ι	Δ	Χ	Π
Α	Κ	Α	Ι	Κ	Ι	Δ	Γ	Δ	Ι	Ζ	Α
Ι	Π	Γ	Δ	Θ	Δ	Κ	Ζ	Α	Α	Σ	Ι
Δ	Μ	Ω	Ε	Τ	Α	Ν	Χ	Κ	Τ	Π	Δ
Ε	Ω	Γ	Υ	Π	Ρ	Ι	Δ	Ι	Ρ	Ο	Ε
Υ	Β	Ο	Ω	Θ	Ο	Α	Ρ	Σ	Ο	Υ	Ι
Σ	Χ	Σ	Ι	Λ	Σ	Π	Τ	Δ	Σ	Τ	Α
Η	Ζ	Π	Α	Ι	Δ	Ι	Κ	Ο	Σ	Μ	Κ
Ψ	Π	Α	Ι	Δ	Ι	Κ	Ο	Τ	Η	Τ	Α

1) ....
2) ....
3) ....
4) ....
5) ....

6) ....
7) ....
8) ....
9) ....
10) ....

Μαρία Οδατζίδου

Συμπληρώνω τα κενά με: ι,η,ει.αι,ο,ω

Ο Μηνάς

Ο ξάδερφός μου ο Μηνάς πηγ__ν__ στην πρώτ__ τάξ__ του σχολείου μας. Είναι ένα έξυπν__, όμορφ__ και πολύ ζωηρ__ π__δ__. Του αρέσ__ να π__ζ__ με τους φίλους του ομαδικά π__χνίδια και να πηγ__ν__ στον π__δότοπο ή στην π__δικ__ χαρά της γ__τονιάς του. Όταν μεγαλ__σ__ θέλει να γίν__ π__δίατρος ή εκπ__δευτικός, γιατί αγαπάει πολύ τα π__διά.

Μαρία Οδατζίδου

Στο κρυπτόλεξο κρύβονται **8** λέξεις της οικογένειας **παίζω** (οριζόντια και κάθετα).
Προσπάθησε να τις βρεις και να τις γράψεις με μικρά γράμματα.

Ε	Δ	Ζ	Ψ	Δ	Β	Ν	Κ	Λ	Π
Τ	Π	Α	Ι	Χ	Ν	Ι	Δ	Ι	Α
Β	Α	Μ	Δ	Ε	Σ	Ψ	Γ	Ν	Ι
Π	Ι	Ν	Μ	Η	Μ	Υ	Ζ	Γ	Χ
Α	Χ	Ω	Υ	Τ	Η	Ι	Α	Χ	Ν
Ι	Ν	Δ	Τ	Υ	Β	Μ	Π	Ω	Ι
Χ	Ι	Κ	Γ	Ε	Ξ	Κ	Α	Π	Δ
Ν	Δ	Ν	Ε	Λ	Κ	Λ	Ι	Ε	Ο
Ι	Ο	Υ	Τ	Β	Π	Υ	Χ	Ρ	Υ
Δ	Τ	Τ	Ρ	Ξ	Α	Ω	Τ	Ι	Π
Ι	Ο	Ρ	Π	Φ	Ε	Ρ	Ο	Π	Ο
Α	Π	Α	Ι	Χ	Τ	Η	Σ	Α	Λ
Ρ	Ο	Β	Ξ	Τ	Β	Κ	Α	Ι	Η
Η	Σ	Ρ	Χ	Ε	Ψ	Π	Ν	Ζ	Μ
Σ	Τ	Ε	Μ	Π	Α	Ι	Ζ	Ω	Ζ

1) .... 5) ....
2) .... 6) ....
3) .... 7) ....
4) .... 8) ....

Μαρία Οδατζίδου

Συμπληρώνω τα κενά με: ι,οι,ει,αι,ε,ω

Πρωινό ξύπνημα

Κάθε μέρα όλα τα π__διά όλες γ__τονιάς μου, μαζευόμαστε μπροστά στην εκκλησία και πάμ__ όλ__ μαζί στο σχολεί__. Σήμερα όλες άργησα να ξυπνήσ__.
-Αχ, μαμά, γιατί να κάνουμ__ μάθημα και όλες Δευτέρες; Να όλες βαφτ__σουμ__ όλες Καθαρές και να πετάμ__ χαρταετό! Δεν φτάν__ μόνο μια φορά το χρόνο!!!
-Να γράψ__ς ένα γράμμα στον υπουργό Π__δείας π__ δάκ__ μου! Σήκ__ τώρα ,γιατί θα χάσεις και την ορθογραφία! Αργήσαμ__!!!

Σοφία Πανίδου

Συμπληρώνω τα κενά με: ι,η,ει,οι,αι,ο,ω

Φυσάει Βοριάς

Φυσά__ Βοριάς και το κρύ__ είναι τσουχτερ__. Η βροχ__ δε λέ__ να σταματήσ__. Η Φαν__ κοιτάζ__ από το παράθυρ__ το διπλαν__ __κόπεδ__ και ψιθυρ__ζ__ αναστενάζ__ντας: «Τι ερημιά!!!».
Τα π__διά της γ__τονιάς δεν π__ζουν πια τα απογεύματα εκεί όπως έπ__ζαν το καλοκαίρ__. Τώρα κάθοντ__ με τις __κογένειές τους γύρω από το τζάκ__και περνούν την ώρα τους συζητ__ντας,βλέπ__ντας τηλεόρασ__, διαβάζ__ντας βιβλία και π__ζ__ντας επιτραπέζια π__χνίδια.

Μαρία Οδατζίδου

Συμπληρώνω τα κενά με: ι,η,ει,οι,αι,ε,ο,ω

Τα κάλαντα

Εδώ και αρκετές μέρες μαθ__ν__ στη μικρ__ μου αδερφ__, την Ελέν__, τα κάλαντα. Είναι πολύ χαρούμεν__ που θα βγ__ ,την παραμον__ των Χριστουγέννων, για πρώτ__ φορά στη γ__τονιά να τα πει. Έχει ετοιμάσ__ ήδη το τρίγων__ και το κόκκιν__ σκουφάκ__ της.

Με τα χρήματα που θα μαζέψ__, σκέφτετ__ ν'αγοράσ__ ένα δωράκ__ για τη γιορτ__ της μαμάς και τρόφιμα, για μία φτωχ__ __κογένεια που μ__ν__ στη γ__τονιά μας.

Μαρία Οδατζίδου

Συμπληρώνω τα κενά με: ι,η,οι,υ,ει,ε,αι,ε,ο,

Στη λίμνη

Την Κυριακ__ το πρω__, πήγα με την __κογένειά μου κι ένα γ__τονόπουλο απ' τη διπλαν__ __κοδομ__,μια βόλτα στη λίμν__. Πήραμ__ μαζί μας μπαγιάτικ__ ψωμ__, να ταΐσουμ__ τις πάπιες, τα ψάρια και τις χελωνίτσες που κολ__μπούν εκεί. Στην απέναντι πλευρά της λίμνης ακούγονταν π__δικές φωνές. Τα π__διά έπ__ζαν διάφορα π__χνίδια στην π__ δικ__ χαρά. Αφού ταΐσαμ__ τα ψάρια, πήγαμε κι εμείς εκεί και π__ξαμ__ λίγο μαζί τους. Αργότερα επιστρέψαμ__ στο σπίτ__ για φαγητ__.

Μαρία Οδατζίδου

ΧΕΙΜΩΝΑΣ

Ο Χειμώνας

Χειμώνιασε. Τα σπουργίτια μαζεύονται στην αυλή μας ψάχνοντας ψιχουλάκια και σπόρους. Είναι η εποχή που βραδιάζει νωρίς.Έχουμε χειμερινή ώρα.Η μαμά έβγαλε τα βαριά χειμωνιάτικα ρούχα από την ντουλάπα.Τα φοράω όλα όταν βγαίνω από το σπίτι. Γάντια, σκουφί, κασκόλ, χοντρό μπουφάν. Ο χειμώνας μου αρέσει πολύ, ιδιαίτερα όταν χιονίζει.

Ελισάβετ Βασιλειάδου

- Ανάγνωση, κατανόηση κειμένου
- Ανακαλύπτουμε και υπογραμμίζουμε με πράσινο χρώμα τις λέξεις που έχουν "μέσα τους" ένα κοινό κομμάτι.
- Κυκλώνουμε με κόκκινο χρώμα το "χειμων-"
- Τονίζουμε με κόκκινο χρώμα το γράμμα –ει- και –ω-
- Βρίσκουμε και άλλες λέξεις της ίδιας οικογένειας και γράφουμε επίσης με κόκκινο το –ει- και -ω-
- Ζωγραφίζουμε το σπιτάκι στο τετράδιο. Στη σκεπή γράφουμε τη "μητέρα" λέξη και στο σπίτι τις λέξεις της οικογένειας.
- Γράφουμε μια ιστορία χρησιμοποιώντας τις λέξεις που έχουμε γράψει στο σπίτι.

Συμπληρώνω τα κενά με: ει,ω

Ο χ__μ__νας

Ήρθε πάλι ο γερο- Χ__μ__νας με τα κρύα και τα χιόνια. Ο βοριάς φυ- σάει μανιασμένος κι όλα είναι παγωμένα. Οι άνθρωποι κυκλοφορούν στους δρόμους βιαστικά, ντυμένοι με βαριά χ__μ__νιάτικα ρούχα, για να μην κρυώνουν.

«Χ__μ__νιασε για τα καλά», είπε η μαμά μου τουρτουρίζοντας, μόλις γύρισε στο σπίτι από τα ψώνια.

Παρόλο όμως που το κρύο είναι τσουχτερό, ο φίλος του μπαμπά μου δεν κρυώνει. Κολυμπάει στη θάλασσα και το χ__μ__να. Είναι χ__μερινός κολυμβητής.

Μαρία Οδατζίδου

Συμπληρώνω τα κενά με: ι,υ,ει,οι,αι,ο,ω

Η Μαρίνα

Η Μαρίνα όταν θυμ__ν__
ζωγραφ__ζ__ στο σαλόν__,
χ__μ__νιάτικα τοπία
θάλασσες, βουνά και πλοία.

* * *

Με πινέλα και παλέτα
χρώματα και καβαλέτα,
άσπρα βάφ__ τα βουνά
όταν είναι χ__μ__νιά.

* * *

Παίρν__ μπλε και χρωματ__ζ__,
θάλασσα πλατιά που αφρ__ζ__.
Δυο δελφίνια στη σειρά
κολ__μπάνε στα βαθιά.

* * *

Τα π__διά όλο χαρά
βουτιές κάνουν στα νερά,
άριστ__ κολ__μβητές
της ζωής πρωταθλητές.

* * *

Μόλις το έργ__ της τελει__σ__,
το αφήν__ να στεγν__σ__.
Τρέχ__ ευθύς στη γ__τονιά,
π__χνίδ__ αρχ__ζ__ ως τις εννιά.

Μαρία Οδατζίδου

ΠΑΓΩΝΩ

«Ολικός παγετός»

Χτες ήταν η τελευταία μέρα των Χριστουγεννιάτικων διακοπών.Όλα τα παιδιά αποφασίσαμε να βγούμε στο πάρκο για να παίξουμε.Η τηλεόραση έλεγε ότι «επικρατεί ολικός παγετός», αλλά εμείς δεν ξέραμε τι θα πει αυτό. Έξω έκανε πολύ κρύο. Όπου υπήρχε νερό είχε παγώσει. Τον σπάσαμε και κάναμε παγάκια. Η μέρα ήταν πολύ παγερή, γι' αυτό γρήγορα μαζευτήκαμε στα σπίτια μας.Είναι καλύτερα να βρισκόμαστε το καλοκαίρι στο πάρκο, να μπορούμε να φάμε και κανένα παγωτό!

Ελισάβετ Βασιλειάδου

- Ανάγνωση, κατανόηση κειμένου
- Ανακαλύπτουμε και υπογραμμίζουμε με πράσινο χρώμα τις λέξεις που έχουν "μέσα τους" ένα κοινό κομμάτι.
- Κυκλώνουμε με κόκκινο χρώμα το "παγω-"
- Βρίσκουμε και άλλες λέξεις της ίδιας οικογένειας και γράφουμε επίσης με κόκκινο το –ω-
- Ζωγραφίζουμε το σπιτάκι στο τετράδιο. Στη σκεπή γράφουμε τη "μητέρα" λέξη και στο σπίτι τις λέξεις της οικογένειας.
- Γράφουμε μια ιστορία χρησιμοποιώντας τις λέξεις που έχουμε γράψει στο σπίτι.

Συμπληρώνω τα κενά με: ω

Παγωνιά

Η θερμοκρασία σήμερα είναι πολύ χαμηλή κι ο αέρας που φυσάει τσουχτερός. Κάνει παγ__νιά και το χιόνι έχει παγ__σει. «Όλα έξω είναι παγ__μένα. Το χώμα, τα φυτά στον κήπο, στις γλάστρες ακόμα και η λεμονιά μας. Το νερό στον κουβά πάγ__σε κι αυτό, έγινε σκέτος πάγος», λέει ο μπαμπάς απεγνωσμένα
Κανένας άνθρωπος δεν κυκλοφορεί στους παγ__μένους δρόμους και στην πλατεία. Οι οδηγοί θα πρέπει να είναι πολύ προσεκτικοί.

Μαρία Οδατζίδου

Συμπληρώνω τα κενά με: ο,ω,η,ει,αι

Τούρτα παγωτό

Δημητράκης: Μαμά, πόσο θα ήθελα να φά__ αυτή τη στιγμ__ τούρτα παγ__τ__ με σοκολάτα και φράουλες!

Μαμά: Έλα αγοράκ__ μου να φας λίγο κέικ και μην ονειρεύεσαι χ__μ__νιάτικα παγ__τά.

Δημητράκης: Έχουμε στην κατάψυξ__ παγ__τ__ μαμά, θα το τρώ__ πολύ αργά και δε θα παγ__σ__ ο λαιμός μου.

Μαμά: Αρκετά π__διά στη γ__τονιά μας είναι άρρωστα και δεν πηγ__νουν στο σχολεί__. Πρέπει να κάνεις υπομον__ λίγους μήνες.

Δημητράκης: Έχεις δίκιο μαμά. Ας φά__ λοιπόν λίγο κέικ με σοκολάτα.

Μαρία Οδατζίδου

ΧΙΟΝΙ

Χιόνισε

Όταν ξύπνησα το πρωί, άνοιξα τα παντζούρια μου και κοίταξα έξω από το παράθυρό μου. Τι ωραίο θέαμα αντίκρισα! Πυκνό χιόνι κάλυπτε τα πάντα. Τα δέντρα έμοιαζαν να χορεύουν το χορό του χιονιά. Η Χιονούλα, η γάτα μου, βγήκε τρέχοντας στην αυλή και έκανε τρέλες στο χιονένιο χαλί.Ο χειμώνας μου αρέσει πολύ, όταν χιονίζει.

Ελισάβετ Βασιλειάδου

- Ανάγνωση, κατανόηση κειμένου.
- Ανακαλύπτουμε και υπογραμμίζουμε με πράσινο χρώμα τις λέξεις που έχουν "μέσα τους" ένα κοινό κομμάτι.
- Κυκλώνουμε με κόκκινο χρώμα το "χιον-"
- Βρίσκουμε και άλλες λέξεις της ίδιας οικογένειας και γράφουμε επίσης με κόκκινο το –ιο-
- Ζωγραφίζουμε το σπιτάκι στο τετράδιο. Στη σκεπή γράφουμε τη "μητέρα" λέξη και στο σπίτι τις λέξεις της οικογένειας.
- Γράφουμε μια ιστορία χρησιμοποιώντας τις λέξεις που έχουμε γράψει στο σπίτι.

Συμπληρώνω τα κενά με:ι,ο

Το πρώτο χιόνι

Χτες το απόγευμα,καθώς έγραφα την αντιγραφή μου, άρχισε ξαφνικά η αδερφή μου να φωνάζει: «Χ_ _νι! Χ_ _νίζει!» Άφησα αμέσως το τετράδιο στην άκρη κι έτρεξα στο παράθυρο να δω.Τι υπέροχο θέαμα! Αμέτρητες νιφάδες χ_ _νιού χόρευαν σαν τρελές στον αέρα κι έπεφταν απαλά στο έδαφος. Σε λίγη ώρα το χ_ _νι σαν άσπρο σεντόνι σκέπασε τα πάντα.

Ο Χ_ _νούλης το λευκό μου κουνελάκι δεν ξεχώριζε στο μπαλκόνι από το χ_ _νι.

«Πόσο μ'αρέσει να βλέπω χ_ _νισμένα τοπία! Πόσο μ'αρέσει ο χ_ _νιάς!»

Μαρία Οδατζίδου

Συμπληρώνω τα κενά με: ι,ει,η,οι,ο,ω

Μια μέρα παγερή

Ήρθε πάλι ο Γενάρης
με τα κρύα και τα χ__ __νια
και σαν φυσά__ ο Βαρδάρης,
χορεύουνε τρελά τα κλώνια.
* * * * *
Έξω κάν__ παγ__νιά
κι όλα είναι χ__ __νισμένα,
κάποια π__διά στη γ__τονιά
έχουν παγ__σ__ τα καημένα.
* * * * *
Η μέρα είναι παγερ__
κι όλοι ανάβουνε τα τζάκια,
μα κάποι__ άνθρωπ__ στη γη
κοιμούνται μόν__ στα παγκάκια.
* * * * *
Πόσο θα θέλανε κι αυτοί
τους κρύους μήνες του χ__μ__να,
να 'χουνε στέγ__ και τροφ__,
αγάπ__, θαλπωρ__, συμπόνοια.

Μαρία Οδατζίδου

Συμπληρώνω τα κενά με: ι,η,ει,οι,αι,ο

ΤΙ ΛΕΝΕ ΓΙΑ ΤΟΥΣ ΜΗΝΕΣ ΤΟΥ ΧΕΙΜΩΝΑ

α'. Δεκέμβρης
1. Δεκέμβρης, Χριστού Γέννησ__ και καλός μας χρόνος.
2. Το τραγούδ__ με τον τρύγο, το Δεκέμβρη παραμύθ__.
3. Χ__ _νι του Δεκεμβριού χρυσάφ__ του καλοκαιριού.

β'. Γενάρης
1. Χριστούγεννα και Φώτα χ__ _νισμένα, καλοσημαδιά για τα σπαρμένα.
2. Χ__ _νισ' έβρεξ' ο Γενάρης, όλ' οι μύλ__ μας θ'αλέθουν.
3. Χ__ _νι πέφτ__ το Γενάρη, χαρές θα 'ναι τον Αλωνάρη.

γ'.Φλεβάρης
1. Ο Φλεβάρης με το νερ__, κουτσός μπ__ν__ στο χορό.
2. Ο Φλεβάρης κι αν φλεβ__σ__, καλοκαίρ__ θα μυρ__σ__.
3. Του Φλεβάρη είπαν να βρέξ__ και λησμόνησε να πάψ__.

Αναγνωστικό Γ'Δημοτικού
''ΕΛΛΗΝΟΠΟΥΛΑ''
Ο.Ε.Σ.Β. (1947)

ΔΩΡΟ

Τα δώρα

Τι ωραία που πέρασα στις διακοπές! Μαζευτήκαμε όλοι στο σπίτι. Ήρθαν η γιαγιά και ο παππούς, οι θείοι μου και τα ξαδέλφια μου! Πήρα και πολλά δώρα. Οι γονείς, μου δώρισαν ένα βιβλίο. Τα ξαδέλφια μου έκαναν δωράκι μια κούπα για να πίνω το γάλα μου. Οι μεγαλύτεροι δωρητές μου όμως ήταν ο παππούς και η γιαγιά που μου έφεραν ένα πολύ ωραίο μπουφάν για τις κρύες μέρες του χειμώνα!

Ελισάβετ Βασιλειάδου

- Ανάγνωση, κατανόηση κειμένου.
- Ανακαλύπτουμε και υπογραμμίζουμε με πράσινο χρώμα τις λέξεις που έχουν "μέσα τους" ένα κοινό κομμάτι.
- Κυκλώνουμε με κόκκινο χρώμα το "δωρ-"
- Τονίζουμε με κόκκινο χρώμα το –ω-
- Βρίσκουμε και άλλες λέξεις της ίδιας οικογένειας και γράφουμε επίσης με κόκκινο το –ω-
- Ζωγραφίζουμε το σπιτάκι στο τετράδιο. Στη σκεπή γράφουμε τη "μητέρα" λέξη και στο σπίτι τις λέξεις της οικογένειας.
- Γράφουμε μια ιστορία χρησιμοποιώντας τις λέξεις που έχουμε γράψει στο σπίτι.

Συμπληρώνω τα κενά με: ω

Οι δωρεές

Στη γιορτή μου φέτος, οι φίλες μου μού χάρισαν ένα ξεχωριστό δ__ρο. Ένα πανέμορφο καναρίνι. Η χαρά μου ήταν τόσο μεγάλη, που σκέφτηκα κι εγώ με τη σειράμου να δ__ρίσω ένα κουταβάκι στην αδερφή μου, που τόσο πολύ επιθυμεί.

Ο μπαμπάς μου έκανε μία δ__ρεά στο χωριό SOS, για τα παιδιά που ζουν εκεί. Είναι ένας δ__ρητής.

Επίσης, στην αρχή της σχολικής χρονιάς, μοιράστηκαν δ__ρεάν φρούτα και κομπόστες σ' όλους τους μαθητές του σχολείου μας.

Τελικά, είναι πολύ τρυφερό να χαρίζεις δ__ράκια σε ανθρώπους που αγαπάς.

Μαρία Οδατζίδου

Συμπληρώνω τα κενά με: ι,ει,ο,ω,αι

Η αμυγδαλιά

Χτες καθώς πήγ__να στο σχολεί__ με τα πόδια, είδα στη γ__τονιά μου μία ανθισμέν__ αμυγδαλιά. Όλα γύρω μου ήταν παγ__μένα και χ__ν__ζε από νωρίς το πρω__. Φοβάμ__ πως οι βοριάδες και τα χ__νια του χ__μ__να θα παγ__σουν και θα ρίξουν τα άνθη της αμυγδαλιάς.

Μαρία Οδατζίδου

Συμπληρώνω τα κενά με: ι,η,ει,ο,ω,αι

Ανθισμένη αμυγδαλιά

Μια ανθισμέν__ αμυγδαλιά
είδα χτες στη γ__τονιά,
καθώς πήγ__να στο πάρκ__
με το φίλο μου το Μάρκο.
* * *
Τι δ__ρ__ μες στη χ__μ__νιά,
άνθη να βλέπ__ς στα κλαδιά!
Σαν τη νυφούλα στα λευκά
που μυστικά χαμογελά.
* * *
Μα το Φλεβάρη σα χ__ν__σ__
κι ο βοριάς ξαναφυσήξ__,
τότε τ' άνθη θα παγ__σουν
και στο χώμα θα ξαπλ__σουν.
* * *
Δε φοβάται τους βοριάδες
και τα κρύα του χ__μ__να
κι έτσι βιάζεται ν' ανθ__σ__
και τη φύσ__ να στολ__σ__.
* * *
Προάγγελος είν' της άνοιξης
και της λουλουδιασμένης γης,
την ελπίδα συμβολ__ζ__
και σ' όλους δύναμη__ χαρ__ζ__.

Μαρία Οδατζίδου

ΚΙΝΩ-ΚΙΝΗΣΗ

Μια καλή ιδέα

Όλοι θέλαμε να πάμε στον κινηματογράφο. Η μικρή μου αδερφή πρότεινε να πάρουμε το αυτοκίνητο. Ο μπαμπάς όμως μας παρακίνησε να πάμε με τα πόδια. «Θα φτάσουμε πιο γρήγορα παιδιά, εξάλλου δεν απέχει πολύ από το σπίτι μας. Θα μας κάνει καλό να κινηθούμε λιγάκι! Όσο θα βλέπουμε την ταινία θα είμαστε σχεδόν ακίνητοι για αρκετή ώρα!»
Τελικά συμφωνήσαμε πως ήταν πολύ καλή ιδέα!

Σοφία Πανίδου

- Ανάγνωση, κατανόηση κειμένου.
- Ανακαλύπτουμε και υπογραμμίζουμε με πράσινο χρώμα τις λέξεις που έχουν "μέσα τους" ένα κοινό κομμάτι.
- Κυκλώνουμε με κόκκινο χρώμα το "κινη-"
- Τονίζουμε με κόκκινο χρώμα το –ι- και –η-
- Βρίσκουμε και άλλες λέξεις της ίδιας οικογένειας και γράφουμε επίσης με κόκκινο το –ι- και -η-
- Ζωγραφίζουμε το σπιτάκι στο τετράδιο. Στη σκεπή γράφουμε τη "μητέρα" λέξη και στο σπίτι τις λέξεις της οικογένειας.
- Γράφουμε μια ιστορία χρησιμοποιώντας τις λέξεις που έχουμε γράψει στο σπίτι.

Συμπληρώνω τα κενά με: ι,η

Παραλίγο ατύχημα

Ο αδερφός μου λέει πως πρέπει να κ__νούμαστε πολύ, γιατί η κ__ν__ση κάνει καλό στην υγεία μας. Αποφασίσαμε λοιπόν να πάμε στον κ__ν__ματογράφο με τα πόδια. Ευτυχώς στο δρόμο δεν είχε πολλή κ__ν__ση. Ξαφνικά, μία εύσωμη κυρία με το σκυλάκι της διέσχιζαν το δρόμο. Το σκυλάκι έκανε περίτεχνες κ__ν__σεις. Η κυρία ήταν αρκετά δυσκ__ν__τη και μιλούσε στο κ__ν__τό της τηλέφωνο. Ο οδηγός του διερχόμενου αυτοκ__ν__του φρέναρε απότομα. Το όχημα ακ__ν__τοποιήθηκε αμέσως. Η κυρία και το σκυλάκι έμειναν για λίγο ακ__ν__τοι και μετά έφυγαν με βήμα γοργό.

«Παραλίγο να γίνει ατύχημα», είπα και συνεχίσαμε το δρόμο για τον κ__ν__ματογράφο.

Μαρία Οδατζίδου

Συμπληρώνω τα κενά με: ι,η,ει,ο

Ο απρόσεχτος οδηγός

Ένα κόκκιν__ αυτοκ__ν__το κ__νούνταν με μεγάλ__ ταχύτητα. Ο οδηγός μιλούσε στο κ__ν__τό του τηλέφων__. Δεν άργησε να γίνει ατύχημα. Αμέσως έφτασε η αστυνομία για να ρυθμ__σ__ την κ__ν__ση των οχημάτων από άλλο δρόμο, μιας και το κόκκιν__ αμάξ__ είχε ακ__ν__τοποιηθεί στη μέσ__ του δρόμου. Ευτυχώς ο απρόσεχτος οδηγός δεν τραυματ__στηκε σοβαρά, γιατί φορούσε ζών__ ασφαλείας.

Σοφία Πανίδου

Συμπληρώνω τα κενά με: ι,η,ει

Ο μικρός μου αδερφός

Ο μικρός μου αδερφός είναι δέκα μηνών. Κάν__ προσπάθειες να περπατήσ__ μόνος του! Τώρα στέκετ__ και πιάνετ__ από το τραπέζι. Η μαμά τον παρακ__ν__ να αφήσ__ το πραπέζ__ και να περπατήσ__. -Ας του δώσουμε ένα κ__ν__τρο! μου λέει και βάζ__ πάνω στον καναπέ το αγαπημένο του αρκουδάκι. Ο αδερφός μου μέν__ ακ__ν__τος για λίγο και παρατηρ__ το αρκουδάκι. Μοιάζ__ σαν να μετρά τα βήματα. Ξάφνου αφήν__ τα χέρια του από το τραπέζι και με γρήγορα βήματα πλησιάζ__ στον καναπέ και παίρν__ αγκαλιά το αρκουδάκι. Μας χαμογελά όλο χαρά!

Σοφία Πανίδου

Συμπληρώνω τα κενά με: ι,η,ευ,οι,ε

Στο Μέγαρο Μουσικής

Με την τάξη μας επισκεφτήκαμε το Μέγαρο Μουσικής και παρακολουθήσαμ__ μια παράσταση μπαλέτου. Πόσο θαύμασα τους χορευτές και τις χορεύτριες για τις ανάλαφρες κ__ν__σεις τους. Χόρ__αν σαν να πετούσαν πάνω στη μουσικ__ και ήταν τόσο ευκ__ν__τοι! Όλ__ τους κοιτούσαμε σαν μαγεμέν__...

Όταν γύρ__σα στο σπίτ__ ζήτησα από τους γονείς μου να με γράψουν στο πρόγραμμα μουσικοκ__ν__τικής αγωγής του δήμου μας.

Σοφία Πανίδου

ΗΜΕΡΑ

-Τι μέρα είναι σήμερα;
-Κοίτα το ημερολόγιο και πες και σε μένα την ημερομηνία.
-Παρασκευή, 6 Μαρτίου.
-Ωραία, ψάξε τώρα να βρεις πότε πέφτει η 25^η Μαρτίου. Μήπως Δευτέρα ή Παρασκευή και δεν έχουμε σχολείο για ένα τριήμερο.
-Τετάρτη έχουμε 25^η μπαμπά και είναι καθημερινή. Το καλύτερο που μπορούμε να κάνουμε είναι να πάμε μια ημερήσια εκδρομή κάπου κοντά.

Σοφία Πανίδου

- Ανάγνωση, κατανόηση κειμένου.
- Ανακαλύπτουμε και υπογραμμίζουμε με πράσινο χρώμα τις λέξεις που έχουν "μέσα τους" ένα κοινό κομμάτι.
- Κυκλώνουμε με κόκκινο χρώμα το "-ημερ-"
- Τονίζουμε με κόκκινο χρώμα το –η-
- Βρίσκουμε και άλλες λέξεις της ίδιας οικογένειας και γράφουμε επίσης με κόκκινο το –η-
- Ζωγραφίζουμε το σπιτάκι στο τετράδιο. Στη σκεπή γράφουμε τη "μητέρα" λέξη και στο σπίτι τις λέξεις της οικογένειας.
- Γράφουμε μια ιστορία χρησιμοποιώντας τις λέξεις που έχουμε γράψει στο σπίτι.

Συμπληρώνω τα κενά με: η

Η εκδρομή

Σημείωσα στο __μερολόγι__ μου την __μερομηνία που θα πάω με το σχολείο μου __μερήσια εκδρομή. Είναι __ μέρα Πέμπτη και μετά θα έχουμε τρι__μερο.

Είμαι πολύ χαρούμενη, γιατί θα έχω ελεύθερο χρόνο για παιχνίδι.

Μαρία Οδατζίδου

Συμπληρώνω τα κενά με: ι,η,ει,αι,ο

Ο κύριος Τάκης

Ο κύριος Τάκης πά__ κάθε Κυριακ__ στο καφενεί__ του χωριού. Αγοράζ__ μια εφημερίδα και τη διαβάζ__. «Μου αρέσ__ να ενημερώνομ__, όχι μόνο από την τ__λεόρασ__» μας λέ__. Κάθεται στο καφενεί__ μέχρι το μεσ__μέρ_. Αυτό είναι το κυριακάτικ__ του πρόγραμμα. Τις καθ__μερινές δεν τον βλέπ__ς έξω από το σπίτ__.

Σοφία Πανίδου

Συμπληρώνω τα κενά με: ι,η,ει,οι,ο,ω

Το δελτίο ειδήσεων

«Είν__ η μεσ__μεριαν__ σας εν__μέρωσ__ από το κανάλι μας» ακού__ το δελτί__ ειδήσεων που η μαμά μου παρακολουθ__ στην τ__λεόρασ__. Σήμερα είμαι άρρωστ__ και έμεινα στο σπίτ__. Συνήθως δεν προλαβ__ν__ να ακούσ__ τις ειδήσεις αυτ__ την ώρα, γιατί τις καθ__μερινές παρακολουθ__ το ολοήμερ__ πρόγραμμα του σχολείου και σχολά__ στις τρεις. Πόσο θέλ__ να γίν__ γρήγορα καλά και να ξαναπά__ στην τάξ__ μου, στην «δεύτερ__» μου __κογένεια!

Σοφία Πανίδου

ΤΗΛΕ

«Ο Τηλέμαχος ήταν γιος του Οδυσσέα και της Πηνελόπης»
Διαβάζω στο βιβλίο της Ιστορίας. Με διακόπτει το τηλέφωνο που χτυπά. Είναι ο νονός μου που θέλει να μάθει τι να μου χαρίσει στα γενέθλια μου. «Τηλεσκόπιο ή μήπως ένα τηλεκατευθυνόμενο αυτοκινητάκι;» με ρωτάει.
Από τη χαρά μου δε ξέρω τι να διαλέξω.

Σοφία Πανίδου

- Ανάγνωση, κατανόηση κειμένου.
- Ανακαλύπτουμε και υπογραμμίζουμε με πράσινο χρώμα τις λέξεις που έχουν "μέσα τους" ένα κοινό κομμάτι.
- Κυκλώνουμε με κόκκινο χρώμα το "τηλε-"
- Τονίζουμε με κόκκινο χρώμα το -η-
- Βρίσκουμε και άλλες λέξεις της ίδιας οικογένειας και γράφουμε επίσης με κόκκινο το -η-
- Ζωγραφίζουμε το σπιτάκι στο τετράδιο. Στη σκεπή γράφουμε τη "μητέρα" λέξη και στο σπίτι τις λέξεις της οικογένειας.
- Γράφουμε μια ιστορία χρησιμοποιώντας τις λέξεις που έχουμε γράψει στο σπίτι.

Συμπληρώνω τα κενά με: ι, η,ο,οι

Το ντοκιμαντέρ

Στην τ__λεόρασ__ είδα ένα ντοκυμαντέρ για την ιστορία των μέσων επικοινωνίας. Παλαιότερα οι άνθρωπ__ επικοινωνούσαν με τα τ__λεγραφήματα, σύντομα μηνύματα που έφερνε ο ταχυδρόμος. Αργότερα εφευρέθηκαν το τ__λέφωνο και η τ__λεόρασ__. Η ανακάλυψ__ του φαξ, δηλαδή του τ__λέτυπου έγινε αρκετά χρόνια αργότερα.

Στις __μέρες μας βέβαια έχουμε στη διάθεσ__ μας πολλούς άλλους τρόπους επικοινωνίας, όπως το ηλεκτρονικ__ ταχυδρομεί__, τα γραπτά μηνύματα στα κ__ν__τά τ__λέφωνα καθώς επίσης και βιντεοκλήσεις ή τ__λεδιασκέψεις.

Σοφία Πανίδου

Συμπληρώνω τα κενά με: η,οι,ει,ο,ω

Ο θείος μου

-Κάνε πιο σιγά την τ__λεόραση σε παρακαλώ! Θέλ__ να μιλήσ__ στο τ__λέφων__.
-Αμέσως μαμά! Με ποιόν θα μιλήσ__ς;
-Με τον ξάδερφό μου τον Τ__λέμαχο στην Αθήνα.
-Τον θείο μου που είναι αστρονόμος; Που παρατηρ__ με ένα τεράστι__ τηλεσκόπι__ τον ουρανό; Θέλ_ να του μιλήσ__ κι εγώ. Έχω πολλές απορίες. Χαίρομ__ που έχουμε στην __κογένειά μας έναν επιστήμονα.

Σοφία Πανίδου

ΦΩΣ

Χωρίς φως

Την παραμονή των Θεοφανείων ή αλλιώς των Φώτων, είχαμε για δύο ώρες περίπου διακοπή ρεύματος. Στο σπίτι μας ήταν ο θείος μου ο Φώτης, η θεία μου η Λίνα και η ξαδερφούλα μου η Φωτεινή. Όλο το χωριό ήταν χωρίς φως. Ο μπαμπάς μου άναψε την γκαζόλαμπα και τέσσερα κεράκια, για να φωτιστεί το σαλόνι. Ευτυχώς είχαμε ανάψει και το τζάκι. Βάλαμε αρκετά ξύλα. Η φωτιά δυνάμωσε και αμέσως φωτίστηκε σχεδόν όλο το σαλόνι. Πόσο δύσκολα είναι να ζεις δίχως φώτα, δίχως φωτισμό! Με τη συζήτηση και τα αστεία που λέγαμε, πέρασε γρήγορα η ώρα κι επανήλθε το φως.

Μαρία Οδατζίδου

- Ανάγνωση, κατανόηση κειμένου.
- Ανακαλύπτουμε και υπογραμμίζουμε με πράσινο χρώμα τις λέξεις που έχουν "μέσα τους" ένα κοινό κομμάτι.
- Κυκλώνουμε με κόκκινο χρώμα το "φως, φωτ-"
- Τονίζουμε με κόκκινο χρώμα το –ω-
- Βρίσκουμε και άλλες λέξεις της ίδιας οικογένειας και γράφουμε επίσης με κόκκινο το –ω-
- Ζωγραφίζουμε το σπιτάκι στο τετράδιο. Στη σκεπή γράφουμε τη "μητέρα" λέξη και στο σπίτι τις λέξεις της οικογένειας.
- Γράφουμε μια ιστορία χρησιμοποιώντας τις λέξεις που έχουμε γράψει στο σπίτι.

Συμπληρώνω τα κενά με: ω

Στη βάφτιση

Την ημέρα των Φ__των, βαφτίστηκε ο ξαδερφούλης μου.Τον ονόμασαν Φ__τη. Οι γονείς του έλαμπαν από χαρά. Το ίδιο και η νονά του η Φ__τεινή. Είχε ένα τόσο ήρεμο και φ__τεινό πρόσωπο! Ο μικρός ο Φ__της δεν έκλαψε καθόλου. Στο ναό είχαν ανάψει όλα τα φ__τα και ο φ__τογράφος έβγαζε συνέχεια φ__τογραφίες.

Μόλις τελείωσε το μυστήριο, όλοι οι καλεσμένοι περίμεναν στη σειρά για να ευχηθούν.

''Να ζήσει! Να ζήσει, ο νεοφ__τιστος! Καλή φ__τιση να έχει και να είναι γερός'', εύχονταν όλοι. ''Πάντα άξια'', έλεγαν στη νονά.

Πέρασα πολύ ωραία στη βάφτιση του ξαδέρφου μου.

Μαρία Οδατζίδου

Συμπληρώνω τα κενά με: ι,η,ει,ο,ω

Το καινούριο ποδήλατο

Ο Φ__της είχε χτες τα γενέθλιά του. Ήταν πολύ χαρούμενος, γιατί ο παππούς του έκανε ένα υπέροχ__ δ__ρο. Ένα μπλε ποδήλατ__. Έχει δύο φ__τάκια, ένα μπροστά κι ένα πίσω. Μόλις νυχτ__σ__, ανάβουν αυτόματα.

Αγόρασε κράνος, επιγονατίδες κι έκανε την πρώτ__ του βόλτα σε μια ήσυχ__ γ__τονιά. Εκεί δεν είχε μεγάλ__ κ__ν__σ__ και δεν κυκλοφορούσαν πολλά αυτοκ__ν__τα.

Μαρία Οδατζίδου

ΗΛΙΟΣ

Το ηλιακό λεωφορείο

Ένα λεωφορείο που το λένε ηλιοτρόπιο με πεταλούδες άσπρες και ροζ, κάνει κάθε μέρα κι ένα δρομολόγιο πάνω σε μια γραμμή από φως. Τρέχα ηλιακό μου λεωφορείο, πέρνα σαν αστραπή πορτοκαλιά κι απ' την εξάτμισή σου πέτα γύρω γύρω ηλιό ηλιόσπορους να τρώνε τα πουλιά. Μ' ένα λεωφορείο που το λένε ηλιοτρόπιο γεμάτο γέλιο και μουσικές, πάμε κάθε μέρα κι ένα δρομολόγιο στις φωτεινές μας Λιλιγειτονιές.

Μαριανίνα Κριεζή
Γλώσσα Γ΄ τάξη, Β΄ τεύχος

- Ανάγνωση, κατανόηση κειμένου.
- Ανακαλύπτουμε και υπογραμμίζουμε με πράσινο χρώμα τις λέξεις που έχουν "μέσα τους" ένα κοινό κομμάτι.
- Κυκλώνουμε με κόκκινο χρώμα το "ηλι-"
- Τονίζουμε με κόκκινο χρώμα το –η-
- Βρίσκουμε και άλλες λέξεις της ίδιας οικογένειας και γράφουμε επίσης με κόκκινο το –η-
- Ζωγραφίζουμε το σπιτάκι στο τετράδιο. Στη σκεπή γράφουμε τη "μητέρα" λέξη και στο σπίτι τις λέξεις της οικογένειας.
- Γράφουμε μια ιστορία χρησιμοποιώντας τις λέξεις που έχουμε γράψει στο σπίτι.

Συμπληρώνω τα κενά με: ι,η,ει,υ,ο,ω

Παροιμίες για το Μάρτη

- Μάρτης είναι χάδια κάν__, πότε κλαί__, πότε γελά__.
- Μη σε γελάσ__ ο Μάρτης το πρω__ και χάσ__ς την __ μέρα.
- Ο Μάρτης το πρω__ χ__ν__σε κι ο γάιδαρος ψόφησε (από το κρύο).

Το μεσ__μέρ__ βρώμισε (από τη ζέστη) και το βράδ__ τον πήρε το ποτάμ__(από τη βροχή).

- Από Μάρτη καλοκαίρ__ και από Αύγουστο χ__μ__να.
- Το Μάρτη χ__ν__ βούτυρ__, μα σαν παγ__σ__ μάρμαρ__.
- Ο καλός Μάρτης στα κάρβουνα κι ο κακός στον __λιο.
- Του Μάρτη και του Τρυγητή ίσα τα __μερόνυχτα.
- Του Μάρτη ο __λιος βάφ__ και πέντε μήνες δεν ξεβάφ__.
- Στων αμαρτωλών τη χώρα, το Μαρτάπριλο χ__ν__ζ__.

Συμπληρώνω τα κενά με: η, ε, αι, οι,ο,ω

Βόλτα με το ηλιακό λεωφορείο

Το __λιακ__ λεωφορεί__ πέρασε από τη γ__τονιά μας. Όλα τα π__διά έτρεξαν ν' ανεβούν. Θέλαμ__ να περάσουμ__ και από τη συν__κία της φίλης μου της Ισμήνης, αλλά δεν ξέραμ__ τη διεύθυνσ__. Περάσαμ__ και από το κολ__μβητήρι__. Πολλά π__διά ήταν εκεί. Η __μέρα ήταν __λιόλουστ__. Όταν τελει__σαμ__ τη βόλτα μας, πήγαμ__ όλ__ μαζί στο πάρκ__ και φάγαμ__ ένα μεγάλ__ παγ__τ__!

Ελισάβετ Βασιλειάδου

ΦΩΝΗ

«Τα φωνήεντα είναι επτά και φωνάζουν δυνατά».
Αυτό το λέγαμε όλοι μαζί φωναχτά στην πρώτη τάξη. Ο συμμαθητής μας ο Αργύρης όμως, ήταν φωνακλάς και φώναζε πιο δυνατά απ' όλους.
-Αργύρη, θα πονέσει ο λαιμός σου, μη βγάζεις τόσο δυνατή φωνή! έλεγε η κυρία.
Συχνά η φωνή του Αργύρη βραχνιάζει και η μαμά του λέει:
-Τι αγριοφωνάρα είναι αυτή, Αργύρη; Μη φωνάζεις, μίλα πιο σιγά, σε παρακαλώ!

- Ανάγνωση, κατανόηση κειμένου.
- Ανακαλύπτουμε και υπογραμμίζουμε με πράσινο χρώμα τις λέξεις που έχουν "μέσα τους" ένα κοινό κομμάτι.
- Κυκλώνουμε με κόκκινο χρώμα το "φων-"
- Τονίζουμε με κόκκινο χρώμα το –ω-
- Βρίσκουμε και άλλες λέξεις της ίδιας οικογένειας και γράφουμε επίσης με κόκκινο το –ω-
- Ζωγραφίζουμε το σπιτάκι στο τετράδιο. Στη σκεπή γράφουμε τη "μητέρα" λέξη και στο σπίτι τις λέξεις της οικογένειας.
- Γράφουμε μια ιστορία χρησιμοποιώντας τις λέξεις που έχουμε γράψει στο σπίτι.

Συμπληρώνω τα κενά με: ω

Ο φίλος μου, ο φωνακλάς

Ο φίλος μου είναι βροντόφ__νος και φ__νακλάς. Έχει δυνατή φ__νή και μιλάει συνήθως φ__νάζοντας. Όταν κάνουμε γιορτές στο σχολείο και πρέπει να απαγγείλει κάτι, δε χρησιμοποιεί ποτέ μικρόφ__νο.
Κάθε φορά που φ__νάζει, κλείνουμε όλοι τ' αυτιά μας.
_ «Μη φ__νάζεις έτσι! Θα καταστρέψεις τις φ__νητικές σου χορδές!» του λέω.
_ «Θα γραφτώ στο ωδείο και θα αρχίσω μαθήματα φ__νητικής»,μου λέει χαμογελώντας.

Μαρία Οδατζίδου

Συμπληρώνω τα κενά με: η,ι,ει,υ,ε, ω

Ο Μάρτης και η μάνα του
Τον γνωρίζετε το Μάρτη,
τον τρελό και τον αντάρτη;
Ξημερ__ν__ και βραδιάζ__
κι εκατό γνώμες αλλάζ__.

Βάζ__ η μάνα του μπουγάδα,
σχοινί δ_ν__ στη λιακάδα,
τα σεντόνια της ν' απλ__σ__,
μια χαρά να τα στεγν__σ__.

Νά που ο Μάρτης μετανι__ν__
και τα σύννεφα μαζών__
και να μάσει η μάνα τρέχ__
τα σεντόνια, γιατί βρέχ__!

Νά ο ήλιος σε λιγάκι,
φύσ__ξε το βοριαδάκ__,
κι η φτωχ__ γυναίκα μόν__
τα σεντόνια ξαναπλ__ν__.

Μια βροντ__ κι ο ήλιος χάθη
μες στης συννεφιάς τα βάθη,
ρίχν__ και χαλάζ_ τώρα,
ποποπό, τι άγρια μπόρα!

Ώς το βράδ__ φορές δέκα
απλ__σε η φτωχ__ γυναίκα
την μπουγάδα, κι όρκο δίν__
Μάρτη να μην ξαναπλύν__.

Ρίτα Μπούμη-Παπά

Διαδίκτυο

Συμπληρώνω τα κενά με: ι,η,ει,αι,ο,ω

Ο Μάρτης και τα νάζια του

Πρώτ__ π__δ__ της άνοιξης
κι ωραί__ παλικάρ__,
Μάρτη τον εφ__νάζουνε
κι είναι γεμάτος χάρη.
* * *
Ναζιάρης είναι νάζια κάν__
τον κόσμο πά__ να τρελάν__,
μην τον πιστεύετε π__διά
κάτι σκαρ__ν__ στα κρυφά.
* * *
Γνώμες αλλάζ__ στη στιγμ__
τα θέλ__ όλα δικά του,
πότε φ__νάζ__ το χ__νιά
πότε τον __λιο, τον βοριά.
* * *
Την __μέρα σαν χαμογελά
ο __λιος βγ__ν__ εκεί ψηλά
κι όταν κλαί__ φ__ναχτά,
βρέχ__ παντού μα και βροντά.
* * *
Π__χνίδια π__ζ__ με π__διά
και τους μεγάλους ξεγελά,
πότε σκουφάκ__ τους φορά
πότε το βγάζ__ και γελά.

Μαρία Οδατζίδου

Συμπληρώνω τα κενά με: ι,η,ει,αι,ο,ω

Ήρθε η άνοιξη

Ο χ__μ__νας έφ__γε και __ρθε επιτέλους η άνοιξ__. Ο __λιος άρχ__σε να π__ζ__ κρυφτ__ και να μην κάν__ τόσ__ παγ__νιά. Η __μέρα σ__μερα είναι __λιόλουστ__. Πόσο χαίρομ__ που θα έρθουν σε λίγο καιρό και τα χελιδόνια! Η φύσ__ άρχ__σε να πρασιν__ζ__.

Τα π__διά θ' αρχ__σουν να π__ζουν στην π__δικ__ χαρά και με τις φ__νές τους να δίνουν ζω__ στη γ__τονιά.

Η άνοιξ__ είναι η αγαπημέν__ μου εποχ__.

Μαρία Οδατζίδου

ΖΩΗ

Ζω στην ίδια πολυκατοικία με τη φίλη μου τη Ζωή. Πηγαίνουμε στο ίδιο σχολείο. Τα απογεύματα πηγαίνουμε στο σπίτι της γιαγιάς μου, για να παίξουμε στο μεγάλο κήπο. Πολλές φορές, όμως, το παιχνίδι μας είναι πιο ζωηρό και χαλάμε τα λουλούδια της γιαγιάς.

-Προσέχετε! Φωνάζει η γιαγιά, ο κήπος πρέπει να μείνει ζωντανός για να είναι όμορφος.

-Άσε τα παιδιά, λέει ο παππούς, ζωντανεύουν τη γειτονιά μας!

Ελισάβετ Βασιλειάδου

- Ανάγνωση, κατανόηση κειμένου.
- Ανακαλύπτουμε και υπογραμμίζουμε με πράσινο χρώμα τις λέξεις που έχουν "μέσα τους" ένα κοινό κομμάτι.
- Κυκλώνουμε με κόκκινο χρώμα το "ζω-"
- Τονίζουμε με κόκκινο χρώμα το –ω-
- Βρίσκουμε και άλλες λέξεις της ίδιας οικογένειας και γράφουμε επίσης με κόκκινο το –ω-
- Ζωγραφίζουμε το σπιτάκι στο τετράδιο. Στη σκεπή γράφουμε τη "μητέρα" λέξη και στο σπίτι τις λέξεις της οικογένειας.
- Γράφουμε μια ιστορία χρησιμοποιώντας τις λέξεις που έχουμε γράψει στο σπίτι.

Συμπληρώνω τα κενά με: ω

Η Ζωή

Η Ζ__ή είναι ένα πολύ όμορφο και ζ__ηρό κορίτσι. Όλοι τη φωνάζουν Ζ__ίτσα. Πηγαίνει στην τρίτη τάξη του σχολείου μας και κάθεται με τον ζ__ηρότερο μαθητή.

Χτες το απόγευμα πήγε στο αποκριάτικο πάρτυ με τους γονείς της. Εκεί είχε ζ__ντανή μουσική, κλόουν και πολλούς μασκαράδες.

Όλοι ήταν χαρούμενοι. Έπαιξαν, έφαγαν, χόρεψαν και διασκέδασαν μέχρι αργά το βράδυ.

Μαρία Οδατζίδου

Συμπληρώνω τα κενά με: ι,η,οι,ο,ω,αι

Αποκριά

Ήρθε πάλι βρε π__διά
η τρελ__Αποκριά,
με τραγούδια και χαρά
π__ξτε, γελάστε ζ__ηρά.
* * *
Φορέστε ρούχα παρδαλά
μάσκες, καπέλα με φτερά,
διώξτε τη λύπ__ μακριά,
χαρείτε την Αποκριά.
* * *
Τρελ__ γιορτ__ για τα π__διά,
στολ__ θα βάλ__ του τσολιά
λέει ο __λίας και γελά
κι η Φ__τειν__ χοροπηδά.
* * *
Εμπρός λοιπόν μικρ__ μεγάλ__
πειρατές και Μεξικάν__
μπείτε όλ__ στο χορό,
σκοτούρες διώξτε απ' το μυαλ__.
* * *
Με σερπαντίνες, κομφετί,
γιορτάστε τούτη τη γιορτ__,
που μας πήρε το μυαλ__
το καρναβάλ__ το τρελ__.
* * *

Μαρία Οδατζίδου

Συμπληρώνω τα κενά με: ι,η,οι,ο,ω

Η εκδρομή

Ο Γιώργος και η Ζ__ή είναι δύο αγαπημένα αδέρφια. Σ__μερα δεν έχουν σχολεί__. Ζήτησαν λοιπόν ζ__ηρά και φ__ναχτά από τους γονείς τους να τους πάνε με το αυτοκ__ν__το στο ζ__ολογικό κήπο, για να φ__τογραφ__σουν τα ζώα.
Οι γονείς αμέσως συμφ__νησαν.Έφτασαν πολύ γρήγορα,γιατί στο δρόμο δεν είχε πολλή κ__ν__σ__.
Το μεσ__μέρ__ πήγαν στην ταβέρνα του κυρ- Φ__τη για φαγητ__. Πολύς κόσμος απολάμβανε τα πεντανόστιμα φαγητά.
Μόλις έφαγαν ,ο κυρ-Φ__της τους πρόσφερε δ__ρεάν παγ__τ__.

Μαρία Οδατζίδου

ΤΥΧΗ

«Γκρινιάρης»

Παίζουμε γκρινιάρη και είμαι πολύ άτυχος! Ποτέ δεν τυχαίνω το νούμερο που χρειάζομαι στο ζάρι. Η αδερφή μου πάλι, είναι τυχερή και χαίρεται γιατί θα τελειώσει το παιχνίδι με επιτυχία! Ρίχνω το ζάρι και έχω αγωνία! 6!!!! Ζήτω! Νιώθω ευτυχής!

Σοφία Πανίδου

- Ανάγνωση, κατανόηση κειμένου.
- Ανακαλύπτουμε και υπογραμμίζουμε με πράσινο χρώμα τις λέξεις που έχουν "μέσα τους" ένα κοινό κομμάτι.
- Κυκλώνουμε με κόκκινο χρώμα το "τυχ-"
- Τονίζουμε με κόκκινο χρώμα το –υ-
- Βρίσκουμε και άλλες λέξεις της ίδιας οικογένειας και γράφουμε επίσης με κόκκινο το –υ-
- Ζωγραφίζουμε το σπιτάκι στο τετράδιο. Στη σκεπή γράφουμε τη "μητέρα" λέξη και στο σπίτι τις λέξεις της οικογένειας.
- Γράφουμε μια ιστορία χρησιμοποιώντας τις λέξεις που έχουμε γράψει στο σπίτι.

Συμπληρώνω τα κενά με: υ

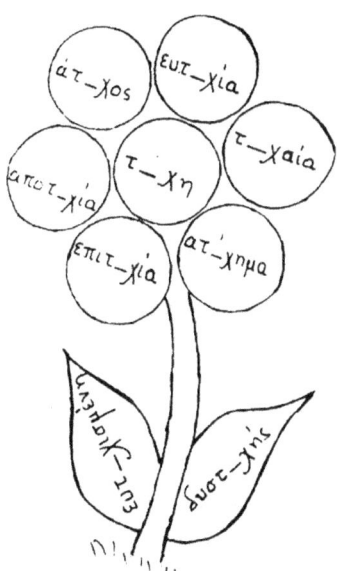

Συμπληρώνω τα κενά με: ι,η,υ,ει,οι,αι,ο,ω

Το ατύχημα

Στη γ__τονιά μου έγινε χτες ένα ατ__χημα. Ένα π__δ__ έτρεξε στο δρόμο χωρίς να προσέξει και ένα αυτοκ__ν__τ__ πέρασε βιαστικά από δίπλα του. Ευτ__χώς που δεν χτύπησε. Μερικά π__διά έτρεξαν να φ__νάξουν την __κογένειά του. «Ήσουν τ__χερός» του είπε ο οδηγός, όμως πρέπει να είσ__ και προσεκτικός, για να μην κινδυνεύ__ η ζ__ή σου»!

Σοφία Πανίδου

Συμπληρώνω τα κενά με: ι,η,ει,υ,ο,ω

Έρχεται το καλοκαίρι

Ο __λιος σ__μερα είναι καυτός. Θα πάμε στη θάλασσα για κολ__μπ__.

Μ' αρέσ__ πολύ να π__ζ__ με τα κύματα, την άμμο, να μαζ__ κοχύλια και να βλέπ__ τους κάβουρες να κ__νούντ__ πλάγια.

Είμαι πολ__ τ__χερ__ και χαρούμεν__, γιατί μόλις κλείσ__ το σχολεί__,

θα πά__ διακοπές με την ξαδέρφ__ μου τη Φ__τειν__, στην Ιθάκ__.

Μαρία Οδατζίδου

Συμπληρώνω τα κενά με: η,ει,υ,αι,ο,ω

Διακοπή ρεύματος

Χτες το απόγευμα έγινε διακοπ__ ρεύματος στη γ__τονιά μας. Ο αδερφός μου το κατάλαβε πρώτος, γιατί σταμάτησε να π__ζ__ το ραδιόφ__ν__. Μετά προσπάθησε να ανάψ__ το φ__ς και την τ__λεόρασ__. Για καλ__ μας τ__χ__ η διακοπ__ δεν κράτησε πολλή ώρα. Φοβήθηκα μη λι__σουν τα παγ__τά στο ψυγ__ο!

Σοφία Πανίδου

ΖΥΜΗ

Το καρβελάκι
Η μαμά μου θα ζυμώσει
και ζυμάρι θα μου δώσει,
για να πλάσω καρβελάκια
με τα δυο μου τα χεράκια.
* * *
Θα προσθέσει και προζύμι,
μαλακιά κι αφράτη η ζύμη
και το ζύμωμα θ' αρχίσει,
τα καρβέλια θα φουρνίσει.
* * *
Ζυμωτό ψωμί μυρίζει
κι η μαμά το ξεφουρνίζει.
Αχνιστό το καρβελάκι,
θα το φάω με τυράκι.

Μαρία Οδατζίδου

- Ανάγνωση, κατανόηση κειμένου.
- Ανακαλύπτουμε και υπογραμμίζουμε με πράσινο χρώμα τις λέξεις που έχουν "μέσα τους" ένα κοινό κομμάτι.
- Κυκλώνουμε με κόκκινο χρώμα το "ζυμ-"
- Χρωματίζουμε με κόκκινο χρώμα το –υ-
- Βρίσκουμε και άλλες λέξεις της ίδιας οικογένειας και γράφουμε επίσης με κόκκινο το –υ-
- Ζωγραφίζουμε το σπιτάκι στο τετράδιο. Στη σκεπή γράφουμε τη "μητέρα" λέξη και στο σπίτι τις λέξεις της οικογένειας.
- Γράφουμε μια ιστορία χρησιμοποιώντας τις λέξεις που έχουμε γράψει στο σπίτι.

Συμπληρώνω τα κενά με: υ

Ο φούρνος

Ο φούρναρης της γειτονιάς μου, φτιάχνει κάθε μέρα ζ__μωτό ψωμί. Μοσχοβολά και μας ανοίγει την όρεξη! Μια μέρα τον επισκεφτήκαμε με το σχολείο και μας έδειξε το εργαστήρι του. Έχει ένα μεγάλο ζ__μωτήρι και εκεί ρίχνει το αλεύρι και το νερό, για να γίνει ζ__μάρι. Έπειτα το πλάθει σε ψωμάκια και το ψήνει στο φούρνο.

Στο τέλος ζ__μώσαμε όλα τα παιδιά και φτιάξαμε κουλουράκια!!!

Σοφία Πανίδου

Συμπληρώνω τα κενά με: ι,η,ει,ο,ω

Ο τραχανάς

Η γιαγιά μου κάθε καλοκαίρ__ φτιάχν__ σάλτσες, ζ__ μαρικά και τραχανά. Όταν κάν__ τραχανά, ρίχν__ εγώ συνήθως τα υλικά σε μία μεγάλ__ σκάφ__. Στον τραχανά βάζ__ γιαούρτ__. Ζ__μ__νει αρκετή ώρα και φροντ__ζ__ η ζ__μ__ να είναι σφιχτ__. Το ζ__μωμα είναι πολύ κουραστικό, γιατί το ζ__ μάρ__ δεν είναι μαλακ__.

Μαρία Οδατζίδου

Συμπληρώνω τα κενά με: ι,η,υ,οι,ει,ε,αι,ο,ω

Τα τυροπιτάκια

Χτες το απόγευμα η μαμά μου αποφάσ__σε να φτιάξ__ τυροπιτάκια. Πήρε ένα κιλ__ αλεύρ__, χλιαρ__ νερ__, αλάτ__ και ζ__μ__σε. Αφού έγινε μια ωραία ζ__μ__, πρόσθεσε το τυρ__. Μετά έπλασε τα τυροπιτάκια και τα έβαλε στο φούρνο. Μοσχομύρ__ σε όλ__ η γ__τονιά. Πήραμ__ τα τυροπιτάκια και κεράσαμ__ όλα τα π__διά που έπ__ζαν στο διπλαν__ __κόπεδ__.

Ελισάβετ Βασιλειάδου

Ουδέτερα ουσιαστικά σε –ειο

Αγαπητό μου ημερολόγιο,
Σήμερα Τρίτη, επισκεφτήκαμε με το σχολείο μας το Ολυμπιακό Μουσείο.
Μόλις σχολάσαμε, πήγα με τη μαμά μου στο βιβλιοπωλείο, που είναι δίπλα στο φαρμακείο, για ν' αγοράσω μαρκαδόρους κι ένα μπλοκ ζωγραφικής. Στο ταμείο συνάντησα τη φίλη μου τη Ναταλία. Μετά πήγαμε στο κρεοπωλείο κι αγοράσαμε χοιρινές μπριζόλες.
Το απόγευμα ο αδερφός μου πήγε στο νοσοκομείο, για να δει ένα φίλο του που χειρουργήθηκε στο πόδι.
Ο παππούς μου κι εγώ, πήγαμε στο συνεργείο αυτοκινήτων και μετά στο κουρείο, για να κουρευτούμε. Μόλις γύρισα στο σπίτι, κάθισα στο γραφείο μου και ζωγράφισα.

Μαρία Οδατζίδου

- Ανάγνωση, κατανόηση κειμένου.
- Ανακαλύπτουμε και υπογραμμίζουμε με πράσινο χρώμα τις λέξεις που φανερώνουν τόπο.
- Κυκλώνουμε με κόκκινο χρώμα την κατάληξη "-είο"
- Χρωματίζουμε με κόκκινο χρώμα το –είο-
- Βρίσκουμε και άλλες λέξεις της ίδιας οικογένειας και γράφουμε επίσης με κόκκινο το –είο- (τις γράφουμε στον πίνακα και οι μαθητές στο τετράδιο).
- Διατυπώνουμε τον κανόνα(τον γράφουμε στον πίνακα και στο τετράδιο).
- Γράφουμε μια ιστορία χρησιμοποιώντας τις λέξεις που έχουμε γράψει.

Συμπληρώνω τα κενά με: -είο

Πού είναι;

Μόλις έρθω απ' το σχολ___
τρέχω αμέσως στο γραφ___,
τα μαθήματα να κάνω
και μετά να παίξω πιάνο.
* * *
Κι όταν πάω στο ωδ___
θα 'ναι ο μπαμπάς μου στο κουρ___,
η γιαγιά στο ιατρ___
κι ο παππούς στο καφεν___.
* * *
Η μαμά απ' το βιβλιοπωλ___
θα μου αγοράσει ένα βιβλίο
κι από το φαρμακ___
βιταμίνες για το κρύο.
* * *
Αύριο με το σχολ___
θα πάμε στο ελαιοτριβ___,
που είναι κοντά στο συνεργ___
και πίσω απ' το ταχυδρομ___.

Μαρία Οδατζίδου

Συμπληρώνω τα κενά με: ι,η,ει,αι,ε,ο

Οι επαγγελματίες της γειτονιάς

Πρω__ πρω__ ο φαρμακοποιός ξεκ__ν__σε για το φαρμακ__. Στο δρόμο συνάντησε το δάσκαλο, που πήγ__νε στο σχολ__. Τον χαιρέτησε και τον ρώτησε αν γνώρ__ζε τον ξενοδόχο που εργάζεται στο ξενοδοχ__. Ο δάσκαλος του απάντησε ότι δε γνωρ__ζ__ αυτόν, αλλά το γιατρό που κάν__ εφ__μερίες στο ιατρ__.Φίλος του επίσης είναι και ο δήμαρχος, που όλη την __μέρα δέχεται τους δημότες στο δημαρχ__ της πόλης. Λίγο παρακάτω συνάντησε το μηχανικό, που πήγ__νε στο συνεργ__ αυτοκ__ν__των. Αυτός έκανε παρέα με τον κουρέα της γ__τονιάς, που έχει το κουρ__ απέναντι από το ταχυδρομ__ όπου εμφαν__ζεται κάθε πρω__ χαρούμενος ο ταχυδρόμος. Όλοι, λοιπόν, οι επαγγελματίες στη γ__τονιά ήταν μια ευχάριστ__ παρέα.

Από τη γραμματική στην ορθογραφία
Μαρία Παΐζη
Ελληνικά Γράμματα (τεύχος Α΄)

Συμπληρώνω τα κενά με: ι,η,ει,αι,ο

Ήρθε η άνοιξη

Τα κρύα, οι παγ__νιές και τα χ__ναι τελεί__σαν. Η φύσ__ στολ__στηκε και πάλι με πολύχρωμα λουλούδια. Ο __λιος λάμπ__, π__ζ__ κρυφτ__ με τα σύννεφα και με τις ακτίνες του ζεστ__ν__ τη γη.

Για τη γιορτ__ της μητέρας κάποια π__διά θα μαζέψουν αγριολούλουδα από την εξοχ__ κι άλλα θ'αγοράσουν λουλούδια από το ανθοπωλ__.

Κάτι όμορφ__ θα ετοιμάσουν και στο σχολ__, για να το χαρ__σουν στη μανούλα τους.

Μαρία Οδατζίδου

Συμπληρώνω τα κενά με: ι,η,υ,ει,οι,αι,ε,ο,ω

Στην Κρήτη

Πέρσι το καλοκαίρ__, μόλις έκλεισαν τα σχολ__α, πήραμε το πλοί__ και πήγαμε στην Κρήτ__. Ο __λιος έλαμπε και η θάλασσα ήταν καταγάλαν__ και ήρεμ__. Ν__κιάσαμ__ ένα σπίτ__ και πηγ__ναμε δύο φορές την __μέρα στη θάλασσα για κολ__μπ__. Είμαι ένας πολύ καλός κολ__μβητής. Το βράδ__ πηγ__ναμ__ στο ζαχαροπλαστ__ της κυρα- Ζ__ής και τρώγαμ__ παγ__τ__. Μετά έπ__ζα με τα π__διά που γνώρ__σα εκεί. Πέρασα υπέροχα στην Κρήτ__.

Μαρία Οδατζίδου

Συμπεράσματα

Ύστερα από την εφαρμογή αυτής της νέας μεθόδου για μια σχολική χρονιά στα τρία τμήματα της Β' τάξης του σχολείου μας μπορούμε να μοιραστούμε τα παρακάτω συμπεράσματα.

Κατ' αρχήν, ο τρόπος αυτός της διδασκαλίας της ορθογραφίας κέντρισε από την πρώτη στιγμή το ενδιαφέρον των μαθητών. Περίμεναν το νέο κείμενο με λαχτάρα κάθε πρώτη ώρα.

Οι μαθητές μας απέκτησαν ενεργό συμμετοχή τόσο στην αναζήτηση του γραμματικού φαινομένου (οι «μικροί ντεντέκτιβ» παρατηρούσαν προσεκτικά τις λέξεις που είχαμε σημειώσει προσπαθώντας να βρουν το κοινό τους σημείο) όσο και στη διατύπωση του κανόνα (μερικές φορές τα παιδιά προσπαθούσαν να διατυπώσουν τον κανόνα με ομοιοκαταληξία). Επίσης, το γεγονός ότι χρησιμοποιούσαμε διαφορετικά χρώματα για να εντοπίζουμε κάθε φορά λέξεις και καταλήξεις, τους φάνηκε διασκεδαστικό. Με τον ίδιο τρόπο αντιμετώπιζαν και τη συμπλήρωση των κενών του κειμένου, σαν γρίφο! Πολλά από τα ποιήματα με τα οποία δουλέψαμε ήταν μελοποιημένα κι έτσι τα τραγουδούσαμε μετά το μάθημα. Σε αρκετές περιπτώσεις, όταν το μάθημα από το σχολικό εγχειρίδιο δεν προσφερόταν, δίναμε αυτά τα κείμενα για αντιγραφή και ανάγνωση. Δεν ήταν λίγες οι φορές που οι μαθητές μας ήξεραν απέξω το ποίημα την επόμενη μέρα και το απήγγειλαν με καμάρι στην τάξη. Ακόμη αδράξαμε την ευκαιρία να σταθούμε λίγο παραπάνω στους συγγραφείς και ποιητές που συναντούσαμε συχνά, π.χ. Ζαχαρίας Παπαντωνίου, κι έτσι τα παιδιά να συνδέσουν στη μνήμη τους τα ποιήματα που είχαν συναντήσει, να επιλέξουν το αγαπημένο τους, να θυμηθούν ποιο μελοποιήθηκε κ.τ.λ.

Σε ό, τι αφορά τα ποιήματα, παρατηρήσαμε την εξής δυσκολία: δεν ήταν εύκολο για τα παιδιά να αντιλαμβάνονται πάντα το υποκείμενο και το γένος των λέξεων χωρίς κατάληξη, γιατί η ποιητική γλώσσα συνηθίζει να «παίζει» με τις ομοιοκαταληξίες και τα παιδιά δεν ήταν τόσο εξοικειωμένα. Γι' αυτό, συχνά χρειαζόταν να διαβάσουμε πολλές φορές το ποίημα για να καταλάβουν το υποκείμενο των ρημάτων κυρίως. Αυτή η δυσκολία από την άλλη, έδωσε την δυνατότητα να καλλιεργηθεί η δεξιότητα αυτή στα παιδιά παράλληλα με την ορθογραφία.

Ο τρόπος με τον οποίο δουλέψαμε κατέδειξε στα παιδιά την σχέση της ορθογραφίας με την γραμματική και το συντακτικό, άμεσα κι έμμεσα. Τα παιδιά, στην προσπάθεια να συμπληρώσουν το γράμμα που έλειπε, έπρεπε κάθε φορά να αναρωτηθούν: είναι ρήμα; (διαβάζοντας κι επαναλαμβάνοντας σιωπηρά τον κανόνα των ρημάτων) και σε ποιο πρόσωπο; (έπρεπε να βρουν το υποκείμενο), είναι ουσιαστικό; Είναι θηλυκό ή ουδέτερο; Κι έτσι με τις συνεχείς επαναλήψεις και αναζητήσεις των απαντήσεων, έμαθαν πολύ καλά να ξεχωρίζουν τα μέρη του λόγου (ρήμα, άρθρο, ουσιαστικό, επίθετο, μετοχή).

Ο τρόπος αυτός διδασκαλίας πιστεύουμε ότι είναι πιο αποτελεσματικός ως προς το στόχο της εκμάθησης των κανόνων της ορθογραφίας της γλώσσας. Κι αυτό γιατί, αντί τα παιδιά να καλούνται καθημερινά να απομνημονεύσουν κάποια πρόταση, χωρίς να καταλαβαίνουν γιατί γράφεται με τον τρόπο που γράφεται κάθε λέξη, μαθαίνουν έναν κανόνα τη φορά και με βάση αυτόν, γράφουν σωστά κάθε λέξη που τον ακολουθεί. Ακόμη και όταν πολλές φορές μας ρωτούσαν για την σωστή απάντηση, κατά τη διάρκεια συμπλήρωσης των κενών, εμείς τους υπενθυμίζαμε να αναζητήσουν τον κανόνα που ήταν αναρτημένος στην τάξη.

Η ανταμοιβή για τη γνώση που κατακτούν είναι άμεση. Μπορούν να χρησιμοποιήσουν αυτό τον κανόνα γράφοντας σωστά τις λέξεις που τον ακολουθούν στην ιστορία τους και τονώνεται η αυτοπεποίθησή τους εξασφαλίζοντας έτσι το ενδιαφέρον και τη συμμετοχή τους στο μάθημα.

Άλλες χρονιές παρατηρούσαμε ότι αρκετοί μαθητές, ενώ ήταν άριστοι στην καθημερινή ορθογραφία που την είχαν μάθει από μνήμης, σε επαναληπτικές ασκήσεις ή στην άγνωστη ορθογραφία δεν τα πήγαιναν τόσο καλά. Η μνήμη της ορθογραφίας των λέξεων που είχαν μάθει μ' αυτό τον τρόπο αποδείχτηκε πως δεν είχε διάρκεια για τους περισσότερους μαθητές.

Αξίζει να σημειωθεί ότι οι μαθητές με μαθησιακές δυσκολίες αλλά και οι μαθητές που έγραφαν με αργό ρυθμό ευνοήθηκαν από αυτό τον τρόπο διδασκαλίας, μιας και δεν χάνονταν στην προσπάθειά τους να γράψουν ένα ολόκληρο κείμενο παρά να συμπληρώσουν ένα φώνημα. Όλη τους η προσοχή εστιαζόταν στο ουσιώδες και δεν κουράζονταν. Συγκεκριμένα, ένας μαθητής που έγραφε με δυσκολία, κρατώντας το μολύβι και με τα δυο του χέρια, ενώ αρνιόταν να συμμετάσχει στις γραπτές εργασίες, στο μάθημα της ορθογραφίας συμπλήρωνε πρόθυμα τα κενά με το σωστό γράμμα-φθόγγο. Τα ίδια θετικά αποτελέσματα είδαμε και σε αλλοδαπούς μαθητές, οι οποίοι στην Α' τάξη δυσκολεύονταν να ακολουθήσουν τον ρυθμό της υπαγόρευσης.

Ακόμη το γεγονός ότι η πρώτη ώρα μαθήματος ξεκινούσε με διαδικασίες όπως: κόβω, κολλάω, συμπληρώνω, χρωματίζω ή τραγουδώ το ποίημα, συνέβαλε στη δημιουργία ενός χαλαρού και ευχάριστου κλίματος στην τάξη, σε αντιδιαστολή πάντα με τον συνηθισμένο τρόπο υπαγόρευσης της ορθογραφίας που προκαλεί περισσότερο άγχος στους μαθητές.

Η διδασκαλία των εξαιρέσεων γινόταν πάντα σε ξεχωριστή ώρα και με παιγνιώδη τρόπο, π.χ. μέσα από μια μικρή ιστορία που διασκέδαζε τα παιδιά και τα βοηθούσε να ανακαλούν εύκολα στη μνήμη τις λέξεις που «δεν άκουσαν» τον κανόνα. Οι κανόνες γράφονταν σε χάρτινα μπλουζάκια, που στη συνέχεια κρεμούσαμε στο σχοινί της «μπουγάδας», ενώ τις εξαιρέσεις τις γράφαμε σε παντελονάκια! Ήταν μια διαδικασία που τα παιδιά περίμεναν με ανυπομονησία, θέλανε να διαλέξουν το χρώμα, τα μανταλάκια κ.α.

Το γεγονός ότι τα παιδιά καλούνταν να γράψουν, συχνότερα απ' ότι συνήθως, μικρές ιστορίες με τις λέξεις που σημειώναμε στον πίνακα, καλλιέργησε την φαντασία και τη δεξιότητα της παραγωγής γραπτού λόγου. Τα κείμενα που δημιουργούσαν τα παιδιά βελτιώνονταν ολοένα στη διάρκεια της χρονιάς και η ετοιμότητα και ευκολία να παράγουν μικρές ιστορίες μιας παραγράφου ήταν αξιοσημείωτη.

Οι γονείς των μαθητών μας στήριξαν αυτή μας την προσπάθεια, ως επί το πλείστον, και μοιράστηκαν την ικανοποίηση από την πρόοδο των παιδιών τους. Η χρονιά ήταν απαλλαγμένη από το άγχος της καθημερινής απομνημόνευσης και μειώθηκε ο χρόνος απασχόλησής τους με τις «κατ' οίκον εργασίες». Στις απαντήσεις των γονέων στο ερωτηματολόγιο που τους δώσαμε στο τέλος της χρονιάς, διακρίναμε την κοινή τους εκτίμηση για την επιτυχία της διδακτικής προσέγγισης καθώς και την ενθάρρυνση για τη συνέχισή της στην Γ' τάξη. Δεν έλειψαν φυσικά και κάποιες απόψεις που υποστήριξαν τον παραδοσιακό τρόπο διδασκαλίας, ήταν όμως ελάχιστες.

Κλείνοντας, πρέπει να σημειώσουμε ότι ο όγκος της όλης εργασίας -της εύρεσης, διαλογής και προετοιμασίας των κειμένων- θα ήταν ίσως απαγορευτικός αν τον αναλάμβανε μόνο ένας εκπαιδευτικός. Η μεταξύ μας συνεργασία καθώς και η διαρκής στήριξη από το σχολικό σύμβουλο, μας βοήθησε στον καταμερισμό του κόπου και των προβληματισμών και πολλαπλασίασε τον ενθουσιασμό και την ανταλλαγή των συμπερασμάτων.

Οι δασκάλες
Ελισάβετ Βασιλειάδου, Μαρία Οδατζίδου, Σοφία Πανίδου

Παράρτημα

Απόψεις γονέων

Στην αρχή της σχολικής χρονιάς σε συγκέντρωση γονέων, οι γονείς ενημερώθηκαν από τις δασκάλες των τμημάτων αλλά και από το σχολικό μας σύμβουλο, για την εφαρμογή της νέας διδακτικής προσέγγισης για την εκμάθηση της ορθογραφίας.

Δέχτηκαν με μεγάλη χαρά, αλλά και με δικαιολογημένη αγωνία να εφαρμοστεί ο νέος αυτός τρόπος διδασκαλίας της ορθογραφίας.

Η συνεργασία των γονέων με τις δασκάλες, θεωρήθηκε πολύ σημαντική και συνετέλεσε στο να ολοκληρωθεί επιτυχώς το πρόγραμμα.

Στο τέλος της σχολικής χρονιάς δόθηκε από τις δασκάλες ένα ερωτηματολόγιο, όπου οι γονείς κλήθηκαν ν' απαντήσουν και να γράψουν τις παρατηρήσεις τους.

Οι περισσότεροι γονείς δήλωσαν πάρα πολύ ευχαριστημένοι και μάλιστα πρότειναν να συνεχιστεί ο νέος τρόπος διδασκαλίας της ορθογραφίας και την επόμενη σχολική χρονιά, πιστεύοντας πως έτσι θα έχει καλύτερα αποτελέσματα. Ενδεικτικά, κάποιοι γονείς δήλωσαν τα εξής: «Πιστεύω ότι στο δεύτερο χρόνο εφαρμογής της, θα έχει καλύτερα αποτελέσματα. Συγχαρητήρια σε όλους». «Το σύστημα που ακολουθήσατε είναι προοδευτικό κι ελπίζουμε σε καλύτερα αποτελέσματα». «Τη σχολική χρονιά που πέρασε, το παιδί μου απέκτησε γνώσεις, χωρίς να νιώθει άγχος και πίεση. Κάθε πρωί πήγαινε στο σχολείο με χαρά και επέστρεφε στο σπίτι το ίδιο χαρούμενο, παρόλο που βρισκόταν στο σχολικό χώρο από τις 7:00 π.μ. έως τις 16:15 και θα περίμενε κανείς ότι θα είναι τουλάχιστον κουρασμένο. Θεωρώ ότι είναι σπουδαίο να διδάσκονται τα παιδιά χωρίς στρες και «αρνητικό» ανταγωνισμό μεταξύ των μαθητών και γι' αυτό σας ευχαριστώ θερμά».

Απόψεις μαθητών

Στο τέλος της σχολικής χρονιάς ζητήθηκε από τους μαθητές να καταγράψουν τις απόψεις τους για το νέο τρόπο εκμάθησης της ορθογραφίας.

Τα παιδιά ήταν ενθουσιασμένα κι έγραψαν πως φέτος δεν είχαν καθόλου άγχος και αγωνία, γιατί δεν είχαν να μάθουν στο σπίτι ορθογραφία, αφού με τις συχνές επαναλήψεις στο σχολείο, έμαθαν τους κανόνες. Αν κάποια παιδιά τους ξεχνούσαν, έβλεπαν από τα φανελάκια που ήταν κρεμασμένα «στο σχοινί της μπουγάδας» της τάξης μας.

Λέει χαρακτηριστικά ένας μαθητής: «Φέτος δεν είχα άγχος και στρες για την ορθογραφία. Ερχόμουν με χαρά στο σχολείο και ανυπομονούσα να πάρω το καινούριο κειμενάκι ή ποιηματάκι που θα μας έδινε η κυρία μας και να το κολλήσω στο τετράδιό μου».

Κάποια μαθήτρια έγραψε τα εξής: «Ήταν πιο εύκολο να συμπληρώνω τις καταλήξεις, παρά να γράφω κάθε μέρα ορθογραφία, την οποία έπρεπε να τη μάθω καλά στο σπίτι μου».

Σχεδόν όλα τα παιδιά ενθουσιάστηκαν πολύ με τα κρυπτόλεξα και τους λαβύρινθους.

Γράφει κάποιος μαθητής: «Μου άρεσε ο καινούριος τρόπος της ορθογραφίας, γιατί η κυρία μας έδινε κρυπτόλεξα και λαβύρινθους, όπου έπρεπε εμείς να διαλέξουμε και να συμπληρώσουμε το σωστό γράμμα. Διαφορετικά πέφταμε στην παγίδα (ρουφήχτρα). Ήταν πολύ διασκεδαστικό. Η ώρα περνούσε ευχάριστα και γρήγορα».

Φωτογραφίες

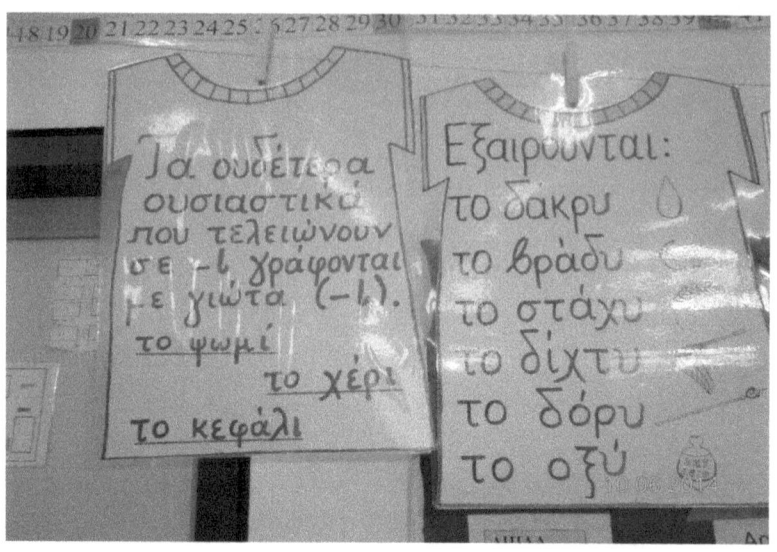

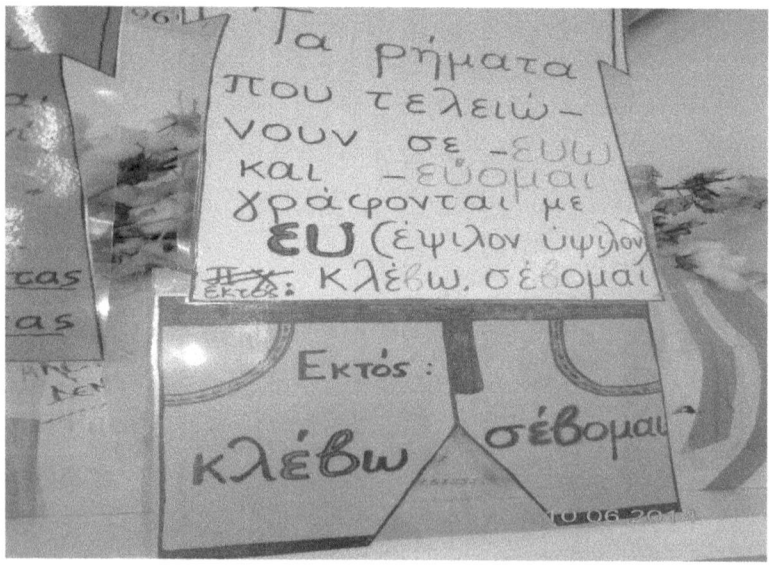

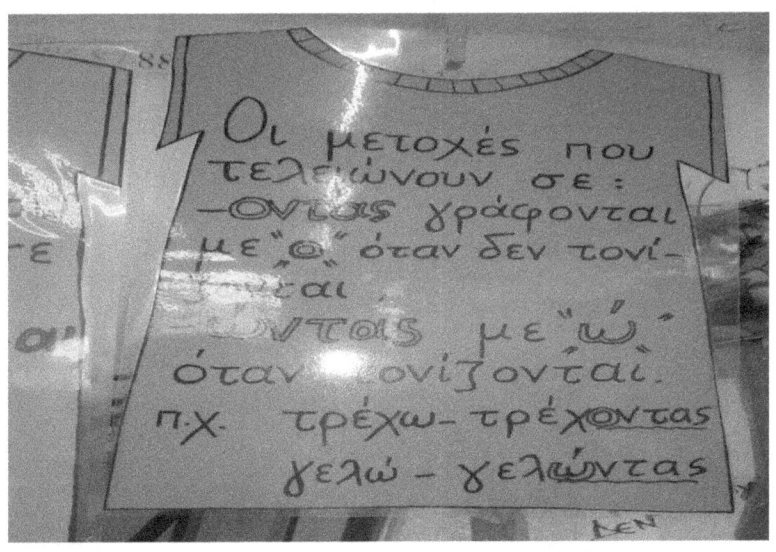

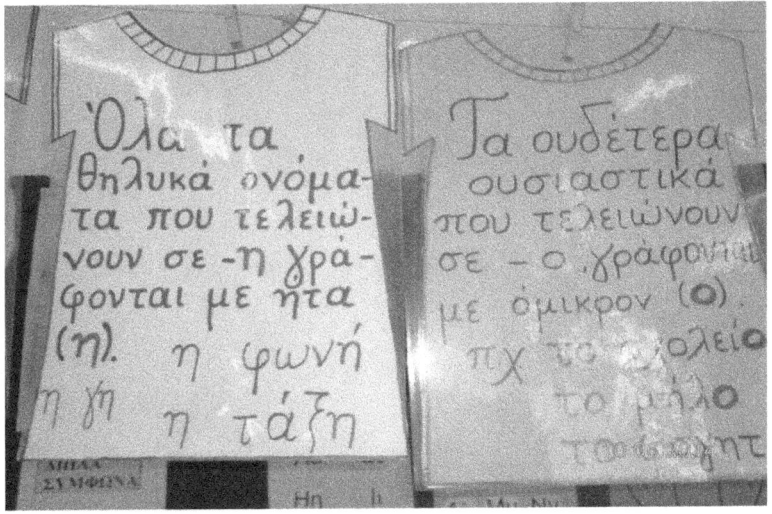

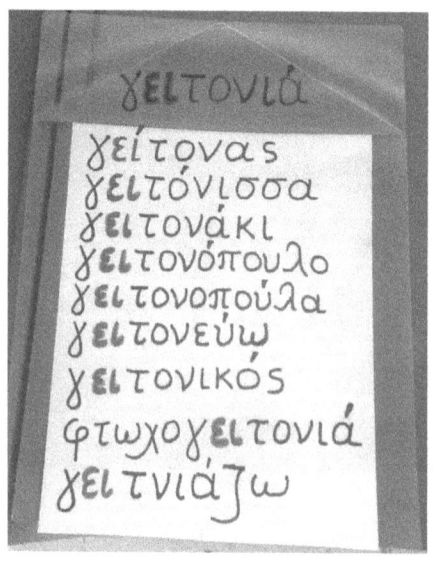

ημέρα
ημερήσιος
ημερολόγιο
ημερομηνία
ημερίδα
ημερομίσθιο
ημερονύχτιο
τριήμερο
καθημερινή

χιόνι
χιονιάς
χιονίζει
χιονένιος
χιονάτη
χιονάκι
χιονισμένο

δώρο
δωράκι
δωρίζω
δώρημα
δωρητής
δωρεά
δωρεάν

φωνή
φωνάζω
φωνακλάς
φωνούλα
φωνάρα
φωνήεν
φωνητική

Ζωή
Ζωηρός, -ή, -ό
Ζωηράδα
Ζωηρεύω
Ζωντανός
Ζωντανεύω
Ζωντάνια
Ζωικός, Ζωή

φως
φωτάκι
φωτεινός
Φώτης
Φωτεινή
φωτίζω
φωτιστικό
φωτισμός
φώτιση

ήλιος
ηλιακός
ηλίαση
ηλιόσπορος
ηλίανθος
ηλιοτρόπιο
ηλιοθεραπεία
ηλιαχτίδα
ηλιοβασίλεμα
ηλιέλαιο
ηλιόλουστη

ήλιος
Ηλίας
ηλιοφάνεια
ηλιολατρία
ηλιοκαμένος
ηλιοροφή
ηλιοψημένος
ηλιόφως

κολυμπώ
κολύμπι
κολυμβητής
κολυμβήτρια
κολύμβηση
κολυμβητήριο
κολυμβητικός
κολυμπήθρα

κινώ
κίνηση
κινητό
κινητός
κινητικός
κινητικότητα
κινητήρας
κίνητρο
κινώ-κινούμαι
ακίνητος →

χειμώνας
χειμωνιάζει
χειμερινός, -ή, ο
χειμωνιάτικος, -η, ο
χειμωνιά
χειμερία

παιδί
παιδικός
παιδικότητα
παιδίατρος
παιδεύω
παιδαγωγός
εκπαίδευση
παιδότοπος
εγκυκλοπαίδεια
ομορφόπαιδο

οικία
συνοικία
κατοικώ
μονοκατοικία
πολυκατοικία
οικογένεια
οικογενειάρχης
οικοδομή
οικοδόμος
ενοίκιο
ενοικιάζεται
νοικοκύρης
οικολογία

Ουδέτερα ουσιαστικά σε -είο
σχολείο
μουσείο
βιβλιοπωλείο
φαρμακείο
κρεοπωλείο
νοσοκομείο
συνεργείο
κουρείο
γραφείο
ιατρείο
παντοπωλείο
πτηνοτροφείο

παιδί
παιδικός
παίδαρος
παιδεύω
παιδαγωγός
παιδικότητα
εκπαιδευτικός
παιδίατρος
παιδότοπος
εγκυκλοπαίδεια

παίζω
παιχνίδι
παιχνιδιάρης
παίχτης
άπαιχτος
παιχνιδότοπος
εμπαίζω
περιπαίζω
περιπαικτικός

Βιβλιογραφία

Ανθολόγιο για τα παιδιά του Δημοτικού,(2003): Α'μέρος, έκδοση κθ', Αθήνα, Ο.Ε.Δ.Β

- ➤ **Μου 'λεγε η μάνα μου** (δημοτικό)
- ➤ **Το πιο μεγάλο**, Βασίλης Ρώτας
- ➤ **Η αλεπού καλόγρια**(Γεώργιος Δροσίνης)
- ➤ **Γύρω γύρω όλοι** , Ρένα Καρθαίου
- ➤ **Μαλλιαρός**(Αλέξανδρος Πάλλης)
- ➤ **Πουλάκι του χειμώνα** (Μιχ.Δ.Στασινόπουλος)
- ➤ **Ξύπνημα** (Βασίλης Ρώτας)
- ➤ **Το πουλάκι**
- ➤ **Ο Μάρτης και η μάνα του** (Ρίτα Μπούμη-Παπά)
- ➤ **Τρεις κοτούλες** (Χάρης Σακελλαρίου)
- ➤ **Οι καλύτεροί μου φίλοι** (Ρένα Καρθαίου)
- ➤ **Το ποταμάκι** (Ζαχαρίας Παπαντωνίου)
- ➤ **Τα δελφίνια** (Φανή Παπαλουκά)

Ανθολόγιο για τα παιδιά του Δημοτικού,(2005):
Β' μέρος, έκδοση Λ', Αθήνα, Ο.Ε.Δ.Β.

➢ **Μια μπουλντόζα στο χωριό μας** (Νίκος Κανάκης)
➢ **Κικιρίκου! Κικιρί!** (Ρένα Καρθαίου)
➢ **Ο θαλασσοπόρος**(Ρίτα Μπούμη Παπά)
➢ **Τα ζώα μου και τα πουλιά** (Γεώργιος Δροσίνης)
➢ **Ο πρώτος μου πόθος** (Επ.Παπαμιχαήλ - Δ.Βουτυράς)
➢ **Αφώλιαστο πουλί** (Τέλλος Άγρας)
➢ **Το τραγούδι του μαγκανοπήγαδου** (Ρένα Καρθαίου)
➢ **Καλοκαιρινές φιλίες** (Γιώργης Κρόκος)

Ανθολόγιο Λογοτεχνικών Κειμένων για το νηπιαγωγείο, ''Εγώ, η μητέρα μου και ο κόσμος'',(2001): εκδόσεις Κέδρος,έκδοση Α', Αθήνα, Ο.Ε.Δ.Β

➢ **Το τραγούδι της φαντασίας**(Βεατρίκη Κάντζολα-Σαμπατάκου)
➢ **Κυριακή** (Κώστας Καρυωτάκης)
➢ **Τραγουδάκι – προσευχή** (Ρένα Καρθαίου)
➢ **Γλωσσοδέτης** (Λαϊκό)
➢ **Τι έξυπνοι άνθρωποι** (Τζιάννι Ροντάρι)
➢ **Με απλά υλικά** (Αντώνης Δελώνης)
➢ **Μες στο μεγάλο τον καθρέφτη** (Γιώργος Μ.Μαρίνος)
➢ **Το σπίτι** (Γιώργος Κοτζιούλας)
➢ **Το βιβλίο** (Ντόρα Γκάμπι),μετάφραση Γιάννης Ρίτσος

➢ **Οι καλημέρες** (Μαρία Γουμενοπούλου)
➢ **Το παράδειγμα** (Ειρήνη Μαστοροπούλου)

Ανθολόγιο Λογοτεχνικών Κειμένων Α΄ και Β΄ Δημοτικού ''Το δελφίνι'', Αθήνα, Ο.Ε.Δ.Β.
➢ **Ο υπολογιστής μου** (Θέτη Χορτιάτη)
➢ **Ο σπουργίτης και το ουράνιο τόξο** (Μάνος Κοντολέων)
➢ **Μαργαρίτα** (Μιχ.Στασινόπουλος)
➢ **Συμφωνία μ'ένα δέντρο** (Γιώργης Κρόκος)
➢ **Ποιος διευθύνει;** (Τζιάννι Ροντάρι)

Ανθολόγιο για τους μαθητές των τμημάτων μητρικής γλώσσας, τμήματα Α΄ και Β΄, ''Τα χελιδόνια'', Α΄ μέρος

➢ **Στο στάβλο ήρθε απόψε το φεγγάρι**(Ζαχαρίας Παπαντωνίου),
➢ **Ψιλή βροχούλα**(Κ.Καλαπανίδας)

''Φρούλου! Φρούλου! Φρέλα. Να 'ταν χαλβάς η τρέλα'',(2000): Ελληνικά Γράμματα, Αθήνα

➢ **Αλήθεια ή παραμύθια** (Θέτη Χορτιάτη- Τασούλα Δ. Τσιλιμένη)
➢ **Πρωί, μεσημέρι, βράδυ** (Θέτη Χορτιάτη- Τασούλα Δ. Τσιλιμένη)
➢ **Οι ασχολίες** (Θέτη Χορτιάτη- Τασούλα Δ.Τσιλιμένη)

«Η Γλώσσα μου για τη Β'Δημοτικού», Αθήνα, Ο.Ε.Δ.Β.

> **Ντούκου ντούκου μηχανάκι** (Οδυσσέας Ελύτης), α' μέρος
> **Ο Λάμπης και η Φωτεινή** (γ'μέρος)
> **Η Λιλή με το μολυβάκι της** (Η μουντζούρα της σελίδας εννιά, άσκηση 3), γ' μέρος
> **Ο Φακής** (Βασίλης Ρώτας), α' μέρος
> **Ο ουρανός** (Άννα Γκέρτσου- Σαρρή), α'μέρος
> **Ο βράχος και το πεύκο** (Το μεγάλο κοτρόνι), γ' μέρος

Γλώσσα Β'Δημοτικού, ''Ταξίδι στον κόσμο της Γλώσσας'', Ινστιτούτο Τεχνολογίας, Υπολογιστών και Εκδόσεων Διόφαντος, Αθήνα

> **Όλοι οι βάτραχοι γλεντούν** (τεύχος)
> **Τώρα παίζω και γελώ** (Τετράδιο Εργασιών, β' τεύχος)
> **Λίγο ακόμα**(Γιώργος Σεφέρης), γ'τεύχος
> **Μια ομαδική ζωγραφιά** (Τετράδιο Εργασιών, β'τεύχος)
> **Κόσμος μπαίνει, κόσμος βγαίνει** (γ'τεύχος)
> **Οι πεταλούδες βοηθούν**
> **Το ουράνιο τόξο** (γ'τεύχος)

Γλώσσα Α'Δημοτικού, γράμματα-λέξεις-ιστορίες, β'τεύχος, Αθήνα

> **Στο ζωολογικό κήπο**

"*Παπαρούνα κόκκινη*", *Λαϊκά τραγουδάκια για παιδιά,(2007)*: Βαλάση, Ζωή, εκδόσεις Κέδρος

- **Στρούλι μπουρό** (Δυο μεγάλοι ποντικοί - λαϊκό)
- **Πέντε ποντικοί και μία γάτα** (Λαϊκό)
- **Ο χορός της χελώνας** (Ιωάννης Πολέμης)

Αναγνωστικό Β' Δημοτικού, «Κρινολούλουδα», (1947): Ταμπακοπούλου, Αρσινόης- Δρακοπούλου, Θεώνης, Αθήνα, Ο.Ε.Δ.Β.

- **Το σκυλί** (Γεώργιος Βιζυηνός)

Σμυρνιωτάκης, Γιάννης: Ποιητική Ανθολογία

- **Το έλατο**(Γερμανικό παραδοσιακό τραγούδι Χριστουγέννων)

"*Ορθογραφώ*",*(2001)*: Αρχοντάκης, Μανόλης Ν., (β' έκδοση), εκδόσεις Κασταντώτη, Αθήνα

- **Αστρονόμος και ξυλοκόπος**(Ελένη Βαλαβάνη), Μύθοι του Αισώπου
- **Ένα βιβλίο πλατάνι στον ουρανό που φτάνει** (Θέτη Χορτιάτη)

Αναγνωστικό Β' Δημοτικού,(1976): Οικονομίδου, Βασιλ. Γ., Αθήνα, Ο.Ε.Δ.Β

- **Ο ψαράς** (Ιωάννης Πολέμης)
- **Η ελιά** (Κωστής Παλαμάς)

Κοκκίνης,Σπύρος,(1989) Σχολική Ποιητική Ανθολογία, Βιβλιοπωλείο της Εστίας, Αθήνα

➤ **Τα ζώα** (Ιωάννης Πολέμης)
➤ **Οι δύο φίλοι** (Ζαχαρίας Παπαντωνίου)

''Μια αλφαβήτα με θέατρο, τραγούδι και χορό''(2004): ,Εκδόσεις Δημοπούλου, Μ.

➤ **Τικ τακ τι ώρα είναι** (Ιωάννου, Αφροδίτη,- Κατσαρού, Ιωάννα)

'' Παραμύθια από το τηλέφωνο'',(1979): εκδόσεις Τεκμήριο

➤ **Ανακαλύπτοντας αριθμούς** (Τζιάννι Ροντάρι)

'' Ορθογραφία-Θεωρία-Ασκήσεις , Γ' Δημοτικού, εκδόσεις Μεταίχμιο

Κάθε χρόνο...(Παπαντωνίου,Παρασκευή- Τσολακίδου,Ελένη)

www.ingramcontent.com/pod-product-compliance
Lightning Source LLC
Chambersburg PA
CBHW071110160426
43196CB00013B/2529